DISPUESTO A TODO

OTROS TÍTULOS POR MARK BATTERSON

Sé un hacedor de círculos
El hacedor de círculos
Dibuja el círculo
Destino divino
Primitivo
Tras el rastro del ave salvaje

DISPUESTO A TODO

DESCUBRE EL PELIGROSO PLAN DE DIOS PARA TU VIDA

MARK BATTERSON

AUTOR *BEST SELLER* DEL *NEW YORK TIMES*

Vida®

La misión de Editorial Vida es ser la compañía líder en satisfacer las necesidades de las personas con recursos cuyo contenido glorifique al Señor Jesucristo y promueva principios bíblicos.

DISPUESTO A TODO
Edición en español publicada por
Editorial Vida – 2019
Nashville, Tennessee

Este título también está disponible en formato electrónico.

Originally published in the U.S.A. under the title:
Not Safe!
Not Safe! Es una versión abreviada del libro All In, © 2013 por Mark Batterson
Published by permission of Zondervan, Grand Rapids, Michigan 49530.

Editora en Jefe: *Graciela Lelli*
Versión Abreviada: *Meredith Hinds*
Traducción: *Eugenio Orellana*
Edición: *Roberto Cabrera Fonseca*
Adaptación del diseño al español: *Grupo Nivel Uno, Inc.*

ISBN: 978-0-31010-720-0

CATEGORÍA: Religión / Vida Cristiana / Crecimiento Espiritual

IMPRESO EN ESTADOS UNIDOS DE AMÉRICA
PRINTED IN THE UNITED STATES OF AMERICA

19 20 21 22 23 LSC 9 8 7 6 5 4 3 2 1

Dedicado a la iglesia que tengo el gozo y el privilegio de pastorear, la National Community Church en Washington, D.C.

CONTENIDO

PARTE 4 NO LO MÍO

PARTE 5 SIN MIEDO

PARTE I

DISPUESTO A TODO

CAPÍTULO 1

LLENA TU ATAÚD

Hace un siglo, un grupo de valientes se hizo conocido como misioneros de una sola vía. En lugar de maletas, guardaron sus pocas pertenencias terrenales en ataúdes. Cuando zarparon, se despidieron de todos sus seres queridos, de todo lo que les era conocido. Sabían que nunca volverían.

Uno de esos misioneros fue A. W. Milne.[1] Su destino era las Nuevas Hébridas en el Pacífico Sur. Sabía que los cazadores de cabezas habían dado muerte a todos los misioneros que habían llegado allí antes que él. Su ataúd estaba lleno. Durante treinta y cinco años, vivió con la gente de esa tribu a los que llegó a amar profundamente. Cuando murió, lo enterraron en el centro de la aldea y pusieron este epitafio en su lápida:

Cuando llegó no había luz.
Cuando se fue no había oscuridad.

¿Cuándo empezamos a creer que Dios quiere enviarnos a lugares seguros para hacer cosas fáciles?

Jesús no murió para darnos comodidad. Murió para ponernos en riesgo.

Ser fiel no es defender el fuerte. Es asaltar las puertas del infierno.

La voluntad de Dios no es un plan de seguro. Es un plan de desafío.

La entrega completa de tu vida a la causa de Cristo no es radical. Es normal.

Deja de vivir como si el propósito de la vida fuera llegar seguro a la muerte.

Llena tu ataúd.

CAPÍTULO 2

EL EVANGELIO AL REVÉS

En el siglo XVI, el astrónomo del Renacimiento, Nicolás Copérnico, desafió la creencia de que la Tierra era el centro del universo. Afirmó que no era el sol el que giraba alrededor de la Tierra, sino que era la Tierra la que giraba alrededor del sol. La revolución copernicana puso al mundo científico al revés.

Cada uno de nosotros necesita experimentar su propia revolución copernicana. El cambio de paradigma ocurre cuando llegamos a un acuerdo con el hecho de que el mundo no gira alrededor de nosotros.

Cuando llegamos a este mundo, nos alimentan con una cuchara por el frente y nos cambian los pañales por la retaguardia. Es como si el mundo entero existiera solo para satisfacer nuestras necesidades. Y eso está bien si tú eres un bebé de dos meses; pero si tienes veintidós años, ¡eso sí que es un problema!

Una noticia de última hora: *¡Tú no eres el centro del universo!*

En su esencia, el pecado es el egoísmo. Esto lo entroniza (sus deseos, sus necesidades, sus planes) por encima de todo lo demás. Todavía puedes buscar a Dios, pero no lo buscas como primera prioridad. Lo buscas como algo de segunda, tercera o de séptima importancia. Puedes cantar «Jesús está en el centro de todo», pero lo que realmente quieres es que la gente se incline ante ti mientras que tú te inclinas ante Cristo. Es una forma muy sutil de egoísmo disfrazado de espiritualidad, pero no es cristocéntrico porque estoy centrado en mí. A eso yo lo llamo el evangelio al revés.

QUIÉN SIGUE A QUIÉN

Muchas personas en las iglesias piensan que están siguiendo a Jesús, pero no estoy muy seguro de que así sea. La realidad es esta: estas personas han invitado a Jesús a seguirlos a ellos. Le llaman el Salvador, pero nunca se han rendido a Él como Señor. Yo fui uno de esos. Créeme, no quería ir a ningún lado sin que Jesús fuera detrás de mí. Quería que Jesús me siguiera para que cumpliera mis propósitos, que hiciera mi voluntad.

No fue sino hasta que tuve diecinueve años y cursaba mi primer año en la Universidad de Chicago que tuve mi revolución copernicana. Comenzó con esta pregunta: *Señor, ¿qué quieres que haga con mi vida?*

Me había cansado de tomar yo las decisiones. Me di cuenta de que no era bueno jugando a ser Dios. Dejé de intentar eso de «encontrarme a mí mismo» y decidí encontrarlo a Él. No pude leer lo suficiente su Palabra. Me levantaba temprano para orar. Incluso ayuné por primera vez en mi vida. Estaba dispuesto a todo. Hablaba en serio. Por primera vez en mi vida lo puse a Él primero.

En el último día de las vacaciones de verano, me levanté al amanecer para hacer una caminata de oración. Nuestra familia estaba de vacaciones en Lake Ida en Alexandria, Minnesota. El camino de tierra por el que anduve bien pudo haber sido el camino a Emaús. Después de meses de estar preguntando, finalmente obtuve una respuesta a mi pregunta. Supe lo que Dios quería que hiciera con mi vida.

El primer día de mi segundo año fui a la oficina de admisiones de la Universidad de Chicago y les dije que me estaba transfiriendo a una universidad cristiana para dedicarme al ministerio de tiempo completo. Renunciar a una beca completa de una de las mejores universidades del país no tenía mucho sentido en el papel. Pero yo sabía que este era mi ahora o nunca.

¿Fue una decisión de muerte? Sí. ¿Alguna vez he dudado? ¡Más de una vez!

Déjame preguntarte: ¿Quién está siguiendo a quién?

¿Estás siguiendo a Jesús?

¿O has invertido el evangelio para que sea Jesús quien te siga a ti?

DESAFÍO SANTO

Hace más de cien años, un predicador británico emitió un desafío sagrado que cambiaría una vida, una ciudad y una generación. Ese desafío, de cualidad atemporal, se ha venido escuchando como un eco a lo largo de las generaciones: «El mundo aún tiene que ver lo que hará Dios con y por y para y a través y en el hombre que está total y absolutamente consagrado a Él».

El predicador que oyó ese llamado a la consagración fue D. L. Moody.[1] Después que esas palabras hicieron saltar sus tímpanos, se dirigieron directamente a su alma. Ese llamado a la consagración definió su vida. Y su vida, a su vez, definió la consagración.

Ese llamado estuvo en Moody en todo momento.

¿No será este desafío también para ti?

Estás a una sola decisión que te separa de una vida totalmente diferente. Es probable que sea la decisión más difícil que jamás hayas hecho. Pero si tienes el valor de rendirte completamente al señorío de Cristo, ¡no podemos imaginarnos lo que Dios podrá hacer!

D. L. Moody dejó una huella indeleble en su generación. A finales del siglo XIX sus sermones contribuyeron a un gran despertar espiritual en todo el mundo. Y más de un siglo después, su pasión por el evangelio continúa influyendo indirectamente en millones de personas a través de la Iglesia Moody, el Instituto Bíblico Moody, Radio Moody y la Editorial Moody.

Al mundo aún le falta ver lo que Dios hará con y por y para y a través y en el hombre que está total y absolutamente consagrado a Él.

¿Por *qué no tú?*

¿Por qué no ahora?

COSAS ASOMBROSAS

Cada vez que Dios está a punto de hacer algo asombroso en nuestras vidas, nos llama a consagrarnos a Él. Ese patrón quedó establecido justo antes de que los israelitas cruzaran el río Jordán y conquistaran la tierra prometida.

> *«Purifíquense, porque mañana el SEÑOR va a realizar grandes prodigios entre ustedes».*[2]

Pero aquí tenemos nuestro problema fundamental: tratamos de hacer el trabajo de Dios por Él. Queremos hacer cosas sorprendentes para Dios, y eso parece algo loable, pero lo estamos entendiendo al revés. Es Dios quien quiere hacer cosas increíbles para nosotros. Ese es su trabajo. Nuestro trabajo es consagrarnos. Solo eso.

Antes de decirte qué es consagrarse, déjeme decirte lo que no es.

Consagrarse no es ir a la iglesia una vez a la semana.

Consagrarse no es hacer tus devocionales diarios.

Consagrarse no es guardar los Diez Mandamientos.

Consagrarse no es compartir tu fe con tus amigos.

Consagrarse no es dar a Dios el diezmo.

Consagrarse no es ser trabajador voluntario en algún ministerio.

Consagrarse no es ir en un viaje misionero.

Todas esas cosas son buenas, pero nada de eso es consagración.

La palabra *consagración* significa *ponerse aparte*. La consagración exige devoción *total*. Es quitarse uno mismo del trono para entronizar a Jesucristo. Es darle a Dios poder de veto. Es rendir *sus miedos* al *temor de Dios*. Consagración es depender permanentemente del amor de Jesús, es confiar en el Padre celestial con la actitud de un niño y una obediencia ciega al Espíritu Santo.

DISPUESTO A TODO

Mi mayor preocupación como pastor es que la gente asista a la iglesia cada semana de sus vidas y nunca se juegue el todo por el todo con Jesucristo. Me temo que hemos hecho del evangelio un producto barato al dejar que la gente se conforme con mantenerse segura y al margen. Les hemos dado lo suficiente de Jesús para que se aburran, pero no lo suficiente como para sentir la oleada de adrenalina santa que correría por sus venas cuando tú decides seguirlo a Él.

No puedes estar en la presencia de Dios y estar aburrido al mismo tiempo. En el mismo tenor, tú no puedes estar en la voluntad de Dios y estar aburrido al mismo tiempo.

La decisión es tuya. ¿Consagración o aburrimiento? Si no te consagras a Cristo, te aburrirás. Si lo haces, no te aburrirás. Si decides no jugártela, nunca entrarás en la Tierra Prometida.

Pero si te la juegas, Dios separará las aguas del río Jordán para que puedas cruzarlo en tierra seca.

Deja de tratar de hacer el trabajo de Dios por Él. No tienes que hacer cosas sorprendentes. No puedes hacer cosas increíbles. *Lo increíble siempre comienza con la consagración*. Y así como lo increíble siempre comienza con la consagración, *la consagración siempre termina en lo increíble.*

Cuando mires atrás en tu vida, verás que los mejores momentos han sido aquellos en los que no te sentiste a salvo. Esto es tan cierto hoy como lo fue el día en que Abraham puso a Isaac en el altar del sacrificio, el día en que Jonatán subió por un acantilado para luchar contra los filisteos, y el día en que Pedro salió de la barca y caminó sobre las aguas.

Cuanto más sigo a Jesús, más convencido estoy de esta simple verdad: Dios no hace lo que hace *por nosotros*. Dios hace lo que hace *a pesar de nosotros*. Todo lo que tienes que hacer es mantenerte fuera del camino.

Así de simple. Así de complicado.

Mantente humilde. Mantente hambriento.

Si no tienes hambre de Dios, es porque estás satisfecho de ti mismo. Es por eso por lo que Dios no puede llenarte con su Espíritu Santo. Pero si te vacías de ti mismo, si mueres al yo, serás una persona diferente cuando llegues a la última página de este libro. Mientras lo escribía, oraba para que Dios reescribiera tu vida. Si la sueltas y dejas a Dios tomar el control, Él escribirá la historia, Su Historia, a través de tu vida.

CAPÍTULO 3

TRAZA LA LÍNEA

Si alguien quiere ser mi discípulo, que se niegue a sí mismo, lleve su cruz cada día y me siga.

Lucas 9.23

En el año 44 a. d., el rey Herodes ordenó matar a espada a Jacobo el Mayor.[1] Fue el primero de los apóstoles en ser martirizado. Y así comenzó el baño de sangre.[2] Lucas fue colgado del cuello de un olivo en Grecia. Se cree que en la India a Tomás lo atravesaron con una lanza de pino, lo torturaron con placas al rojo vivo y lo quemaron vivo. En el año 54 a. d., el procónsul de Hierápolis hizo torturar y crucificar a Felipe porque su esposa se convirtió al cristianismo al escucharlo predicar. Felipe continuó predicando mientras estaba en la cruz. Mateo fue apuñalado por la espalda en Etiopía. Bartolomé fue azotado hasta morir en Armenia. Santiago el Justo fue lanzado desde el pináculo sudeste del templo en Jerusalén. Después de sobrevivir a la caída de unos treinta metros, fue atacado por una turba enardecida hasta que murió. Simón el Zelote fue crucificado por un gobernador de Siria en el año 74 a. d. Judas Tadeo fue apaleado hasta morir en Mesopotamia. Matías, quien tomó el lugar de Judas Iscariote, fue apedreado hasta la muerte y luego decapitado. Y Pedro fue crucificado boca abajo por su propia petición. Juan el Amado es el único discípulo que murió por causas naturales, pero solo porque sobrevivió a su propia ejecución. Cuando un caldero de aceite hirviendo no lo pudo matar, el emperador Diocleciano lo exilió a la isla de Patmos. Luego regresó a Éfeso, donde escribió tres epístolas y murió por causas naturales alrededor del año 100 A. D.

Todos los cristianos que viven en un país del primer mundo en el siglo XXI deberían leer el *Libro de los Mártires* de John Foxe, donde el autor redefine los riesgos y fija los estándares para el sacrificio.

Nuestra normalidad es tan subnormal que lo normal parece radical.

En Lucas 9.23-24, Jesús les tiró el guante a sus discípulos. Quería ver quién estaba adentro y quién estaba afuera.

> *Si alguien quiere ser mi discípulo, que se niegue a sí mismo, lleve su cruz cada día y me siga. Porque el que quiera salvar su vida la perderá; pero el que pierda su vida por mi causa la salvará.*

Los discípulos tomaron esto literalmente. Nosotros podemos, al menos, tomarlo figurativamente. ¡Si Jesús colgó en su cruz, nosotros no podríamos menos que cargar la nuestra! Y esa no es solo nuestra mayor responsabilidad. Es nuestro más alto privilegio.

Cualquier cosa menos que la entrega completa de nuestras vidas al señorío de Jesucristo es robar a Dios la gloria que Él exige y merece. También es engañarnos a nosotros mismos en cuanto a la recompensa eterna que Dios ha reservado para nosotros.

No cobraremos vida hasta que muramos a nosotros mismos. Y no nos encontraremos hasta que nos perdamos en la causa de Cristo.

Si Jesús no es el Señor *de todo*, entonces Jesús no es Señor *de nada*.

Es ahora o nunca.

Dispuesto a todo.

EL EVANGELIO AMERICANIZADO

Hemos americanizado el evangelio o espiritualizado el sueño americano; ninguno se acerca al verdadero evangelio. Cuando se intenta agregar algo al evangelio no se lo está mejorando, porque el evangelio por sí mismo es tan bueno como parece.

Solo se obtiene una relación con Dios en sus términos. Puedes tomarlo o dejarlo, pero no puedes cambiar las reglas de compromiso.

El apóstol Pablo define el trato que está sobre la mesa de esta manera:

> *Al que no cometió pecado alguno, por nosotros Dios lo trató como pecador, para que en él recibiéramos la justicia de Dios.*[3]

En el momento en que doblas tus rodillas ante el señorío de Jesucristo, todo tu pecado se transfiere a la cuenta de Cristo y la deuda se paga en su totalidad. ¡Tú pecado fue clavado en la cruz hace dos mil años! Pero eso es solo la mitad del evangelio. La misericordia *no* es librarse de lo que tú mereces: la ira de Dios. La gracia es obtener lo que no mereces: la justicia de Cristo. Todo el mal que has hecho te es perdonado y olvidado. Y todo el bien que Cristo hizo, su justicia, se transfiere a tu cuenta. Y entonces, para Dios ambos están en paz.

Es como si Dios dijera: «Asumiré la culpa por todo el mal que hiciste y te acreditaré todo el bien que hice». Estas no son solo buenas noticias, son las mejores noticias.

El evangelio no cuesta nada. Solo se puede recibir como un regalo gratuito, gentileza de la gracia de Dios. Pero, así como no cuesta nada, lo exige todo. Y es en este punto donde la mayoría de nosotros nos quedamos estancados. Somos demasiado cristianos para disfrutar del pecado y demasiado pecadores para disfrutar a Cristo.

Queremos todo lo que Dios tiene para ofrecer sin renunciar a nada. Queremos comprar sin vender. Tememos que, si no nos aferramos a Dios, perderemos lo que esta vida tiene para ofrecer. Pero esa es una mentira. Es la misma mentira que la serpiente le dijo a Adán y Eva en el jardín. Dios no te deja solo.

Puedes hacer tuyo Salmos 84.11:

> *El Señor brinda generosamente su bondad a los que se conducen sin tacha.*[4]

Si no te aferras a Dios, puedo prometerte esto: Dios no se va a aferrar a ti.

EL NO SACRIFICIO

No creo que alguien haya sacrificado algo por Dios. Si recuperas más de aquello a lo que renunciaste, ¿has sacrificado algo? La recompensa eterna siempre supera el sacrificio temporal. Al final del día, en el día del juicio, nuestro único pesar será lo que no le hayamos devuelto a Dios.

La clave para la realización personal es negarse a sí mismo. Negarse a sí mismo es una forma abreviada de gratificación tardía. Y por tardía no me refiero a días o meses o años, sino a toda una vida. Nuestra gratificación tardía en la Tierra se traduce en gloria eterna en el cielo.

La parte egoísta de nosotros tiene una reacción alérgica a la palabra *negar*. No solo toleramos la indulgencia en nuestra cultura, sino que la celebramos. Pero el problema fundamental con la indulgencia es que *nunca es suficiente*. No es sino hasta que apostamos todo a Dios que descubrimos que el verdadero gozo solo se encuentra en el lado sacrificial de la vida.

Cuanto más des, más disfrutarás de lo que tienes. Si le das a Dios el diezmo, disfrutarás un diez por ciento más del noventa por ciento que conservas. También descubrirás que Dios puede hacer más con el noventa por ciento que lo que puedes hacer tú con el cien por ciento. Si duplicas el diezmo, ¡disfrutarás un veinte por ciento más del ochenta por ciento que conservas! Uno de nuestros objetivos de vida como familia es revertir el diezmo y vivir con el diez por ciento mientras damos el noventa por ciento. Cuando lleguemos allí, estoy seguro de que disfrutaremos del diez por ciento que conservamos un noventa por ciento más.

La mayoría de nosotros pasamos la mayor parte de nuestras vidas acumulando las cosas equivocadas. Hemos comprado la mentira consumista de que *más es más*. Pensamos erróneamente que cuanto más demos, menos tendremos. Pero en la economía invertida de Dios, al final perderemos todo lo que guardamos y conservaremos lo que perdimos por la causa de Cristo.

LA REGLA DEL JOVEN RICO

En el papel, el joven rico lucía como el epítome de la religiosidad.[5] Pero la religiosidad y la hipocresía son primos lejanos. El joven rico es el antitipo de todo lo religioso. Su vida es una advertencia permanente: *si nos resistimos a Dios, perderemos todo lo que Dios quiere hacer en nosotros, por nosotros y por medio de nosotros.*

No he conocido a muchas personas poseídas por un demonio, pero he conocido a muchos poseídos por sus posesiones. Y eso es lo que ocurría con el joven rico. Tenía todo lo que el dinero podía comprar; tenía toda su vida ante él, he hizo todo a su manera. Pero algo le faltaba, por eso le preguntó a Jesús:

> *¿Qué más me falta?*[6]

El joven rico tenía todo lo que creemos que queremos. Era rico. Era joven. Y estaba en una posición de poder. ¿Por qué era tan miserable? La respuesta es fácil: estaba *siguiendo las reglas*, pero no estaba *siguiendo a Jesús.*

El texto nos dice que había guardado *todos* los mandamientos, por tanto, la justicia es hacer algo bien. Sin embargo, lo hemos reducido todo a no hacer nada malo.

Nos fijamos en los pecados de comisión: *no hagas esto, no hagas esto otro, y no hay problema.* Pero eso es santidad por sustracción. Son los pecados de omisión, lo que harías, lo que podrías haber hecho y lo que deberías haber hecho, lo que rompe el corazón de tu Padre celestial.

El Padre celestial está preparando buenas obras de antemano con nuestro nombre en ellas. Pero no podemos simplemente jugar a la defensiva. ¡Tenemos que jugar a la ofensiva! No podemos conformarnos con no hacer nada malo. Tenemos que hacer algo bueno. No podemos simplemente seguir las reglas. Tenemos que seguir a Jesús.

La historia del joven rico es una de las historias más tristes de la Biblia. Pudo haber aprovechado sus recursos, sus contactos y su energía para las causas del reino, pero se lo gastó todo en beneficio propio. Lo cual revela que nuestro *mayor activo* se puede convertir en nuestro *mayor pasivo* si no lo usamos para los propósitos de Dios.

El joven rico finalmente se convirtió en el viejo rico. No sé qué sinapsis pudo ocurrir mientras yacía en su lecho de muerte, pero tengo una corazonada. Sospecho que fue el momento cuando Jesús le dijo: «Sígueme». Estas palabras quizá resonaron en sus oídos hasta el día en que murió.

La importancia de lo que hemos venido tratando está mejor resumido en la parábola de las bolsas con monedas de oro.[7] El hombre que consiguió una bolsa la enterró. Luego, finalmente le devolvió a su señor exactamente lo que él le había dado. Para ser honestos, en época de recesión eso no es del todo malo. Sin embargo, Jesús lo llamó *siervo malo.*

Esta reacción luce un poco exagerada ¿verdad? Pero cuando pienso que Jesús está equivocado, esto revela que en mí hay algo equivocado, posiblemente una prioridad mal ubicada o una perspectiva errónea. El hombre que enterró su bolsa de oro no estuvo dispuesto a jugarse el todo por el todo por Dios. Y ese es el punto de esta parábola: fe es empujar todas tus fichas al centro de la mesa. Y eso es lo que Jesús dijo al joven rico que hiciera.

> *Si quieres ser perfecto, anda, vende lo que tienes y dáselo a los pobres, y tendrás tesoro en el cielo. Luego ven y sígueme.*[8]

ACUMULAR EXPERIENCIAS

¿Alguna vez te has sentido incómodo con la historia del joven rico? Parte de mí siente que Jesús estaba pidiéndole demasiado. ¿Estás seguro, *Señor, de que lo quieres todo? ¿Por qué no empiezas con el diezmo o algo así?* Pero Jesús se va a la yugular. Le pide al joven rico que lo deje todo. ¡Jesús lo amaba demasiado como para pedirle menos!

Si te sientes incómodo por el joven rico, no debería ser por lo que Jesús le pidió que renunciara, sino por la oportunidad que el joven dejó pasar. A lo que Jesús le pidió que renunciara no era nada comparado con lo que le habría dado a cambio.

En una época en que una persona promedio nunca viajaba más allá de un radio de 50 kilómetros de su lugar de residencia, Jesús envió a sus discípulos hasta los confines de la tierra. Estos pescadores sin educación, que de otra manera habrían vivido toda su vida a un tiro de piedra del Mar de Galilea, viajaron por todo el mundo antiguo creando toda una revolución.

Piensa en sus experiencias durante los tres años que anduvieron con Jesús. Hacían largas caminatas, pescaban y navegaban con el Hijo de Dios. Disponían de asientos en primera fila en cada sermón que Jesús predicaba y luego se reunían con Él en privado. No solo fueron testigos de sus milagros, sino que, además, filetearon los peces de la pesca milagrosa, los cocinaron y se los comieron. Pon eso en tu lista de deseos. ¿Qué precio le pondrías a caminar sobre el agua, o a beber el agua que Jesús convirtió en vino?

Los discípulos eran pobres en términos de posesiones materiales, pero acumularon una gran experiencia sin precedentes en la historia humana. El joven rico perdió todo eso porque no pudo abandonar sus posesiones.

SOCIO MAYORITARIO

Tengo un amigo de noventa y cinco años llamado Stanley Tam. Hace más de medio siglo, Stanley transfirió legalmente el cincuenta y uno por ciento de las acciones de su compañía a Dios. Al comenzar la *United States Plastic Corporation* lo hizo con un capital de 37 dólares. Cuando le devolvió su negocio a Dios, los ingresos anuales eran de unos doscientos mil dólares.

Después de leer la parábola sobre el comerciante que vendió todo para obtener la perla de gran precio, Stanley tomó la decisión de despojarse de todas sus acciones. Dijo: «Un hombre puede comer solo una comida a la vez, usar un traje solo una vez al mismo tiempo, conducir solo un automóvil a la vez. Todo esto lo tengo. ¿Para qué quiero más?».

El 15 de enero de 1955 todas las acciones las transfirió a su socio principal, y él pasó a ser un empleado con un salario de la compañía que había iniciado. ¡Desde ese día hasta el presente, Stanley se ha desprendido de más de ciento veinte millones de dólares!

¿Es Jesucristo tu Perla de Gran Precio?

¿Es Él tu socio mayoritario?

TRAZA LA LÍNEA

El destino no es un misterio, es una decisión. Y a ti te separa solo una decisión de una vida totalmente diferente. Una decisión puede cambiar totalmente tu proyección financiera. Una decisión puede alterar radicalmente una relación. Una decisión puede conducirte hacia la salud, sea espiritual, física o emocional. Esas decisiones definitorias se convertirán en los momentos decisivos de tu vida.

Para Stanley Tam, el momento decisivo llegó el 15 de enero de 1955.

Para mí, llegó el primer día de mi segundo año de universidad. Y ha habido media docena de decisiones definitorias desde entonces. El día que pusimos todas nuestras pertenencias terrenales en un camión y nos mudamos a Washington, D.C., sin un salario garantizado ni un lugar para vivir. El día que la iglesia *National Community Church* decidió establecer una segunda ubicación sin saber el lugar dónde estaría. El día que Lora y yo hicimos una promesa de fe a las misiones que estaba más allá de nuestro presupuesto.

Esas decisiones definitorias demostraron ser momentos definitorios. Tú puedes hacer solo algunas decisiones definitorias, pero estas definirán tu vida.

¿Qué riesgo necesitas tomar?

¿Qué sacrificio necesitas hacer?

Este no es un libro para simplemente leerlo. Hay implícita una decisión que tienes que hacer. Si lees este libro sin hacer una decisión definitiva, perdí el tiempo escribiéndolo y tú perdiste el tiempo leyéndolo. En algún momento, en alguna página, sentirás que el Espíritu Santo te incita a actuar con decisión. No ignores esto. Obedécelo.

Necesitas poner a Isaac en el altar como lo hizo Abraham.

Necesitas echar tu vara a tierra como lo hizo Moisés.

Necesitas quemar tu equipo de labranza como lo hizo Eliseo.

Necesitas escalar el acantilado como lo hizo Jonatán.

Necesitas salir de la barca como lo hizo Pedro.

Llega un momento en que necesitas arriesgarte.

Llega un momento en el que necesitas renunciar a todo.

Llega un momento cuando necesitas quemar las naves.

Este es ese momento.

Este es tu momento.

PARTE 2

NO ES FÁCIL

CAPÍTULO 4

A LA CARGA

Joshua Chamberlain era un estudiante de teología y un profesor de retórica, no un soldado. Pero cuando el deber lo llamó, respondió. Escaló posiciones hasta convertirse en coronel del Vigésimo Regimiento de Infantería de Voluntarios de Maine, Ejército de la Unión.

El 2 de julio de 1863, Chamberlain y su regimiento de trescientos soldados eran todo lo que se interponía entre los Confederados y una derrota segura en un campo de batalla en Gettysburg, Pensilvania. A las 2.30 p.m., los regimientos 15 y 47 de la infantería de Alabama del ejército confederado se lanzaron a la carga, pero Chamberlain y sus hombres resistieron. Para cuando se produjo la última carga, quedaban en pie solo ochenta de los trescientos soldados. Él mismo fue derribado por una bala que milagrosamente le dio en la hebilla del cinturón. El maestro de escuela de treinta y cuatro años sobrevivió.

Era su cita con el destino.

Cuando el sargento Tozier le informó a su coronel Chamberlain que no llegarían refuerzos y que las municiones habían bajado a una carga por soldado, Chamberlain supo que tenía que actuar. Su vigía, un niño en lo alto de un árbol en la colina de Little Round Top, le informó al coronel que los confederados se estaban formando en posición de ataque. Sin municiones ni refuerzos, lo racional en ese momento habría sido rendirse. Pero Chamberlain no estaba hecho para rendirse; así es que, a plena vista del enemigo, se subió a una barricada de piedras, desenvainó su espada y con ella en alto dio la orden: «¡A la carga!».

Y en lo que se ubica como una de las victorias más improbables en la historia militar, ochenta soldados de la Unión capturaron a cuatro mil confederados en cinco minutos.

Lo que parecía una misión suicida salvó a la Unión.

Los historiadores creen que si Chamberlain no hubiera dado la orden de atacar, los rebeldes habrían ganado terreno. Y de haber tomado las colinas, estaría la probabilidad de que hubieran ganado la batalla de Gettysburg. Y de haber ganado esa batalla, el consenso histórico es que los confederados habrían ganado la guerra. El valor de un hombre salvó el día, salvó la guerra y salvó a la Unión.

Así es como avanza el reino de Dios. Ir con todo significa dejar atrás la seguridad.

LA INCAPACIDAD DE NO HACER NADA

Después de la guerra, Joshua Chamberlain pasó a ser el trigésimo segundo gobernador de Maine y presidente de su alma máter, el Bowdoin College. En 1893, treinta años después de su acto de heroísmo, el presidente Grover Cleveland le otorgó la Medalla de Honor[1] por «defender su posición en *Little Round Top* contra reiterados asaltos, y llevar la posición avanzada en *Great Round Top*».[2]

En sus últimos años, Chamberlain reflexionaría sobre la guerra con estas palabras: «Tuve muy dentro de mí la incapacidad de no hacer nada. Sabía que podía morir, pero también sabía que no moriría con una bala en la espalda».[3] ¡La i*ncapacidad de no hacer nada!*

¿No es ese el estándar que fija Jesús?

Él puso al templo al revés cuando volcó las mesas y desbarató el negocio de los cambiadores de dinero. Se enfrentó a la hipocresía de los fariseos. Exorcizó un espíritu maligno de un hombre poseído por demonios. Y detuvo en seco una procesión fúnebre al resucitar a un niño de entre los muertos.

Jesús fue todo menos pasivo. Fue el epítome de la pasión. Entonces, independientemente del tipo de personalidad, sus seguidores deben ser las personas más apasionadas del planeta. Ningún temor significa desafiar el protocolo religioso por el bien de las pasiones ordenadas por Dios, como lo hizo la más famosa aguafiestas de todos los tiempos, aquella prostituta que derramó su botella de perfume para ungir los pies de Jesús.

¿Cuándo nos daremos cuenta de que la indecisión *es* una decisión?

¿Cuándo aceptaremos el hecho de que la inacción *es* una acción?

La iglesia nunca fue destinada a ser un sustantivo. La iglesia fue destinada a ser un verbo, un verbo de acción.

Hace dos mil años, Jesús dio la orden de «¡A la carga!».

Y esa orden nunca ha dejado de resonar.

JUGAR A LA OFENSIVA

A pesar de lo que dice el viejo axioma, la oportunidad *no* golpea a nuestra puerta. Tú necesitas llamar a la puerta de la oportunidad. ¡Y a veces, incluso, echarla abajo!

No tener miedo es no tomar un no por respuesta.

¡Es una vena de necedad santificada que no nos permite rendirnos!

Joshua Chamberlain dijo que su vena de necedad fue lo que no lo dejó rendirse cuando las cosas parecían desesperadas. Al referirse a sí mismo en tercera persona, dijo: «Su líder no tenía un conocimiento real de la guerra o las tácticas; solo era un hombre terco y esa fue mi mayor ventaja en esta batalla».[4]

No tener miedo significa no rendirse.

No importa cuántas veces te derriben, las mismas que te levantarás.

No importa cuán dura se ponga la batalla, no dejarás de pelear.

Abraham esperó a un hijo contra toda esperanza. Y cuando Dios finalmente se lo dio, después de haber transcurrido veinticinco años, Abraham pasó la prueba de todas las pruebas poniendo a Isaac en el altar.

¿Hay algo a lo que hayas renunciado?

¡Quizás necesite volver atrás e intentarlo de nuevo!

Yo pude haberme dado por vencido después de que fracasó el comienzo de una iglesia, pero rechacé la idea. Pude haber «colgado la pluma» después de trece años de intentos fallidos, pero me negué a sacar bandera blanca.

Quizás estés tentado ahora mismo a renunciar a tu matrimonio o a educar a tus hijos.

¡Aguántate!

Eso también pasará.

Incluso si no llegan los refuerzos y te encuentras sin municiones, debes gritar «¡A la carga!» frente al problema, del sueño, de la meta.

¡Deje de ponerte excusas! No tengas miedo.

Deja de jugar a la defensiva y empieza a jugar a la ofensiva.

Necesitas ir a la carga de tu matrimonio.

Necesitas ir a la carga de tus finanzas.

Necesitas ir a la carga de tu salud.

Necesitas ir a la carga de tu adicción.

Necesitas ir a la carga de tus hijos.

Necesitas ir a la carga de tus metas.

Necesitas ir a la carga de la causa del Reino.

Necesitas ir a la carga de Jesús.

CAPÍTULO 5

ESTO ES SOLO UNA PRUEBA

Pasado cierto tiempo, Dios puso a prueba a Abraham y le dijo: «¡Abraham!»

«Aquí estoy», respondió.

Y Dios le ordenó: «Toma a tu hijo, el único que tienes y al que tanto amas, y ve a la región de Moria. Una vez allí, ofrécelo como holocausto en el monte que yo te indicaré».

GÉNESIS 22.1-2

La historia de Dios llamando a Abraham a sacrificar a Isaac es difícil de entender. ¿Cómo podría un amoroso Padre celestial sugerir tal cosa? Sin embargo, las historias bíblicas que causan la mayor disonancia cognitiva a nuestras mentes lógicas a menudo contienen las más grandes revelaciones. Con demasiada frecuencia abordamos historias como esta como si se tratara de juzgar a Dios, pero no es *su* carácter el que está a prueba, sino el nuestro. Y es precisamente por eso que Dios nos prueba.

Dios nunca quiso que Abraham sacrificara a su hijo. Se trataba solo de una prueba. Dios no habría permitido la muerte de Isaac. Simplemente quería probar a Abraham para ver si estaba dispuesto a obedecer el mandato más contraintuitivo inimaginable. La Escritura dice explícitamente: «Dios probó a

Abraham».[1] Y Abraham pasó la prueba. Así es como se obtiene un testimonio. Sin prueba no hay testimonio. Así que la próxima vez que seas probado, reconoce la prueba por lo que es.

Yo no obtuve un testimonio en el seminario. Recibí una excelente educación; pero tú no recibes un testimonio al escuchar una conferencia, un sermón o un discurso en los cómodos confines de un aula, una iglesia o un salón de conferencias. Obtienes un testimonio en el desierto como Moisés, o en el Mar de Galilea como Pedro, o en el monte Moria como Abraham.

EL CAMPO DE PRUEBAS

Según la tradición judía, Dios le dio a Abraham diez pruebas diferentes. Esta era la última, el examen final. Fue diseñada brillante y específicamente para probar si estaba o no dispuesto a todo.

Dios nos prueba por dos razones principales.

Primero, es una oportunidad para que Él se pruebe a nosotros mismos.

Segundo, es una oportunidad para nosotros probarnos ante Dios.

Es por eso por lo que deberíamos considerarlo un gozo cuando experimentamos pruebas. Son la forma en que nos graduamos para pasar al nivel siguiente en el reino de Dios. Conozco a algunas personas que han sido salvas por veinticinco años, pero no tienen veinticinco años de experiencia. Tienen un año de experiencia repetido veinticinco veces. Están frustrados con su fe, pero es porque no están aprendiendo las lecciones que Dios está tratando de enseñarles.

Cuando Abraham levantó el cuchillo, Dios supo que estaba dispuesto a todo porque no dudó en sacrificar lo que era más precioso para él. Y Dios se probó a sí mismo como Proveedor. Si Abraham hubiese reaccionado con temor, habría privado a Dios de la oportunidad de proveer un carnero enredado en el matorral. Pero debido a que no tuvo miedo, Dios pudo revelarse a sí mismo como Jehová-jireh: Dios nuestro Proveedor.

Cuando estaba en el seminario, traté de comenzar una iglesia en la región norte de Chicago. De hecho, como parte del programa de mi maestría, creé un plan de veinticinco años. Mi profesor me dio una A, pero Dios me dio una F. ¿Por qué? Porque no era su plan. Era *mi* plan. Entré en él por todas las razones equivocadas. Esa iglesia era mi Isaac, y supe que tenía que ponerla en el altar. Cuando ese sueño murió, Dios proveyó un carnero enredado en un matorral. Un día, mientras hojeaba una revista, leí sobre un ministerio paraeclesiástico en Washington, D.C. Ese anuncio me entró por el rabillo del ojo, de la misma manera que Abraham se percató de la presencia del carnero provisto por Dios. Hice una llamada telefónica que condujo a una visita que nos llevó a meter todas nuestras pertenencias terrenales en un camión y mudarnos a Washington, D.C. No teníamos un lugar para vivir ni un salario garantizado. No teníamos seguridad de nada, pero lo que sí teníamos era un sueño resucitado.

IDENTIFICA TU ISAAC

Dios nunca te tentará. No está en su naturaleza. Él promete proporcionar una ruta de escape para cada tentación. Pero sí pondrá a prueba tu fe. Y esas pruebas serán cada vez más difíciles a medida que las demandas suban. Y girarán en torno a lo que es más importante para ti.

¿Dónde encuentras tu identidad?

¿Dónde encuentras tu seguridad?

Ese es tu Isaac.

Dios te pondrá a prueba para asegurarse de que tu identidad y tu seguridad se encuentran en la cruz de Cristo. Y Dios trabajará sobre cualquier cosa en la que confíes más que en Él hasta que la pongas en el altar.

No tienes que vivir con el temor de que Dios te va a quitar lo que es más importante para ti. Isaac era el regalo de Dios a Abraham. Pero si el regalo llega a ser más importante que quien lo da, entonces cada cosa que Dios te dio para que sirviera a sus propósitos está minando su plan para tu vida. Y cuando Dios llega a ser un medio para algún otro fin, has invertido el evangelio.

Una de mis oraciones recurrentes es esta: *Señor, no dejes que mis dones me lleven más lejos de lo que mi carácter puede sostenerme.* Cuando ponemos a trabajar los dones que Dios nos ha dado, podemos comenzar a confiar en esos dones en lugar de confiar en Dios.

Fue Dios quien le dio a Lucifer una forma hermosa y una voz hermosa.[2] Esos dones fueron usados originalmente para glorificar a Dios. Pero cuando Lucifer comenzó a mirarse en el espejo, se detuvo a admirar su hermosura. Así, él glorificó el don que le había sido dado en lugar de glorificar a Dios. La lección de la caída de Lucifer es esta: todo lo que no conviertes en alabanza se convierte en orgullo.

¿Cuáles son tus mayores dones dados por Dios?

¿Cuáles son tus oportunidades más importantes ordenadas por Dios?

¿Qué sueños del tamaño de Dios ha concebido el Espíritu Santo en tu espíritu?

Ese es tu Isaac.

LA MUERTE DE UN SUEÑO

Hace unos años, conocí a Phil Vischer, el creador de los famosos *VeggieTales*. Él comenzó con un poco de efectivo y una idea divina llamada *Big Idea, Inc.* La compañía vendió más de cincuenta millones de videos y recaudó cientos de millones de dólares, pero todo terminó con una demanda. Como dijo el mismo Phil: «Catorce años de trabajo duro desfilaron ante mis ojos: personajes, canciones, el impacto, las cartas de niños de todo el mundo. Todo destelleó ante mis ojos y luego, todo desapareció».[3]

Big Idea, Inc. se declaró en bancarrota, y el sueño murió como una muerte dolorosa. Fue entonces cuando Phil escuchó un sermón que salvó su alma.

> *Si Dios te da un sueño, y el sueño cobra vida y Dios está en él, y luego el sueño muere, puede ser que Dios quiera ver qué es más importante para ti: el sueño o Él.*[4]

¿Qué amas más: el sueño que Dios te dio o el Dios que te dio el sueño?

Cada sueño que he tenido ha pasado por una muerte y una resurrección. El sueño de comenzar una iglesia tenía que morir para que pudiera resucitar en forma glorificada. Por forma glorificada simplemente me refiero a hacerlo para la gloria de Dios.

Si tu sueño provisto por Dios se vuelve más importante para ti que Dios, debes ponerlo en el altar y levantar el cuchillo. Y una vez que el sueño esté muerto y enterrado, podrá resucitar para la gloria de Dios.

El Espíritu Santo es el creador de sueños. Cuando se movía sobre el caos en los albores de la creación, eclipsaba a toda la creación. Si caminas al unísono con el Espíritu Santo, Él concebirá un deseo de una sola célula dentro de ti con el potencial de convertirse en un sueño del tamaño de Dios si lo nutres con oración.

Yo prefiero tener una idea de Dios que mil ideas buenas. Las buenas ideas son buenas, pero las ideas de Dios cambian el curso de la historia. Tú puedes obtener buenas ideas en muchos lugares diferentes: en salones de clase, conferencias o en librerías. Pero las ideas de Dios vienen de un solo lugar: el Espíritu Santo mismo.

Isaac fue idea de Dios. Fue Dios quien proclamó la promesa a Abraham y concibió la promesa dentro de Sara. Las octogenarias posmenopáusicas no quedan embarazadas. Punto. Pero Dios siempre da a luz lo que concibe si estamos dispuestos a pasar por los dolores de parto.

MI ISAAC

La iglesia debe ser el lugar más creativo del planeta. Hay maneras de hacer iglesia que nadie ha pensado todavía. Esa motivación que me impulsa es lo que me hace levantarme temprano y me mantiene despierto hasta tarde. Creo que mi pasión por hacer iglesia en forma diferente me fue dada por el Espíritu Santo. No tengo ninguna duda de que Dios es el que me llamó y me capacitó para servir como pastor principal de la *National Community Church*, iglesia que también es mi Isaac.

No quisiera estar en ningún otro lugar haciendo otra cosa. He invertido dieciséis años de sangre, sudor y lágrimas en este sueño puesto en mí por Dios llamado *National Community*

Church, y oro por el privilegio de servir allí por el resto de mi vida. Absolutamente amo lo que hago. Pero si amo lo que hago más de lo que amo a Dios, entonces lo que Dios me ha llamado a hacer ya no está sirviendo a sus propósitos.

Cuando me refiero a la *National Community Church* nunca uso el pronombre posesivo *mí*. Me encanta cuando los miembros lo hacen, pero yo me cuido de no hacerlo. Cristo es el Pastor. Yo, pastor, estoy bajo Él. Siempre quiero tener presente que la *National Community Church* no es *mi* iglesia, sino que es *su* iglesia, ella es un regalo de Dios y para Dios.

La verdad del asunto es que tú no puedes realmente decir de nada «esto es mío», porque nada te pertenece: ni tu casa, ni tu auto, ni tu ropa. Todo lo material que posees es subproducto del tiempo, el talento y el tesoro que Dios te ha dado.

Cuando te arrodillas al pie de la cruz, el pronombre posesivo queda eliminado de tu vocabulario.

Ya no hay más *yo*, ni *mi*, ni *mío*.

Los primeros metodistas se dedicaron por completo a Dios con una oración de pacto:

> *Ya no soy más mío, sino tuyo. Ponme en lo que quieras, clasifícame con quien quieras; ponme a hacer, ponme a sufrir; permíteme ser empleado para ti o apartado para ti, exaltado para ti o abatido para ti; déjame estar lleno, déjame estar vacío; déjame tener todas las cosas, déjame no tener nada; libremente y de todo corazón cedo todas las cosas a tu placer y disposición.*
>
> Y ahora, oh glorioso y bendito Dios, Padre, Hijo y Espíritu Santo, tú eres mío, y yo soy tuyo. Que así sea. Y el pacto que he hecho en la tierra, sea ratificado en el cielo. Amén.[5]

¿DE QUIÉN ERES?

¿Encuentras tu identidad en *quién eres tú o de quién eres*?

Puedes basar tu identidad en mil cosas: los títulos que has obtenido, las posiciones que ocupas, el salario que recibes, los trofeos que has ganado, tus pasatiempos favoritos, cómo luces, la forma en que te vistes o incluso el auto que conduces. Pero si basas tu identidad en cualesquiera de esas cosas temporales, tu identidad es una casa de naipes. Hay un solo fundamento sólido: Jesucristo. Si encuentras seguridad *en lo que has hecho*, siempre te quedarás por debajo de la norma justa establecida por el Hijo de Dios sin pecado. Solo hay un lugar en donde encontrar tu verdadera identidad y seguridad eterna: *lo que Cristo ha hecho por ti*.

La religión se deletrea *hacen*.

El evangelio se deletrea *hecho*.

Estar dispuesto a todo significa depender al ciento por ciento en la obra expiatoria de Cristo. No es un noventa y nueve por ciento de gracia y un uno por ciento de buenas obras. El problema es que la mayoría de nosotros todavía queremos un uno por ciento de crédito por las cosas que hemos hecho bien, pero o *todo* es gracia o *no* lo es del todo. No hay créditos parciales. Tú no eres parte de la ecuación de salvación. No puedes confiar en Jesucristo un noventa y nueve por ciento. Confiar es una propuesta del ciento por ciento.

Es adición por sustracción.

Entonces, la pregunta es esta: ¿A qué necesitas renunciar? ¿Qué necesitas poner en el altar? ¿Dónde vas a encontrar tu seguridad fuera de Cristo?

PONLO EN EL ALTAR

Cuanto más duro tienes que trabajar por algo, más difícil resulta renunciar a eso. Y cuanto más tiempo tengas que esperar, más difícil será devolverlo. Isaac fue el sueño de toda una vida de una mujer estéril llamada Sara y de un hombre impotente llamado Abraham. ¡Isaac era la promesa que esperaron impacientes durante veinticinco años!

Cuanto más te bendiga Dios, más difícil será evitar que esa bendición se convierta en un ídolo en tu vida. El dinero puede ser el mejor ejemplo. Cuanto más dinero ganas, más difícil es confiar en Dios Todopoderoso y más fácil es confiar en el dólar todopoderoso. ¿No es irónico que la frase *In God We Trust* («En Dios confiamos») esté impresa en lo que más influye para que no confiemos en Dios?

Nuestra tendencia es objetar todo con argumentos ambiguos. ¿No debería ahorrar para la jubilación? ¿No me dice la Biblia que deje una herencia? ¿No necesito proveer para el bienestar de mi familia? No estoy diciendo que no deberíamos hacer estas y otras cosas. Pero eso no me impide preguntar sin rodeos: ¿Estás dispuesto a dejarlo todo?

CAPÍTULO 6

QUEMA LAS NAVES

Eliseo lo dejó y regresó. Tomó su yunta de bueyes y los sacrificó. Quemando la madera de la yunta, asó la carne y se la dio al pueblo, y ellos comieron. Luego partió para seguir a Elías y se puso a su servicio.

1 REYES 19.21

El 19 de febrero de 1519, el explorador español Hernán Cortés zarpó para México con una comitiva de 11 naves, 13 caballos, 110 marineros y 553 soldados. La población indígena a su llegada era de aproximadamente cinco millones. Desde un punto de vista puramente matemático, las probabilidades estaban en su contra en una proporción de 7.541 a 1.

Después de tocar tierra, Cortés dio una orden que convirtió su misión en una propuesta de todo o nada: ¡Quem*en las naves!* Si puedes compartimentar el enigma moral de la colonización, hay aquí una lección para aprender.

Nueve de cada diez veces, el fracaso es recurrir al Plan B cuando el Plan A parece demasiado arriesgado, demasiado costoso o demasiado difícil. Es por esto que hay tantas personas viviendo su Plan B. No quemaron las naves. Las personas de Plan A no tienen un Plan B. Prefieren estrellarse y quemarse y perseguir sus sueños ordenados por Dios en lugar de tener éxito en alguna otra cosa.

Hay momentos en la vida cuando necesitamos quemar las naves de nuestro pasado. Quemar las naves llamadas *Fracaso Pasado* y *Éxito Pasado*. Quemar la nave llamada *Malos Hábitos*. Quemar la nave llamada *Remordimiento*. Quemar la nave llamada *Culpa*. Quemar la nave llamada *Mi viejo estilo de vida*.

Eso es precisamente lo que hizo Eliseo cuando convirtió su equipo de labranza en fuego y convirtió sus bueyes en asados a la parrilla. Aquella fue su última gran cena. Se despidió de su vida antigua organizando una fiesta para sus amigos. Compartieron una comida y compartieron historias hasta la madrugada. Pero fue la hoguera la que la convirtió en la noche más significativa y memorable de su vida porque simbolizaba al viejo Eliseo. Fue el último día de su antigua vida y el primero de su nueva vida.

Quemar su equipo de labranza fue para Eliseo como quemar las naves. Eliseo ya no tenía cómo volver a su antigua forma de vida porque destruyó la máquina del tiempo que lo podría haber llevado de regreso. Fue el final de Eliseo el granjero y el comienzo de Eliseo el profeta.

Detente y piensa en el simbolismo de lo que hizo Eliseo. Literalmente cocinó su antiguo estilo de vida y se lo comió para la cena. Eliminó la posibilidad de volver a la agricultura comiéndose sus propios bueyes y quemando sus herramientas de labranza.

No importa si estás tratando de perder peso, de tomar un curso de posgrado, de escribir un libro, de iniciar un negocio o de salir de deudas. El primer paso es siempre el más largo y el más difícil. Y no basta con simplemente dar un paso hacia el futuro. También tienes que eliminar la posibilidad de volver al pasado.

Así es como vas a alcanzar tus metas.

Así es como vas a acabar con las adicciones.

Así es como te reconciliarás con tus amistades.

Deja el pasado en el pasado. Quema las naves.

UN NUEVO CAPÍTULO

Para comenzar un nuevo capítulo, debes terminar el viejo. La forma de hacerlo es con un simple signo de puntuación. Puedes poner un punto final a la página. Pero, si quieres aportar más drama al asunto, puedes usar un signo de exclamación. Es más decisivo, más definitivo. Luego, pasa la página y comienza una nueva oración, lo cual comienza un nuevo párrafo, un nuevo capítulo.

Lo que es verdad en la gramática es verdad en la vida.

Eliseo no necesitaba quemar su equipo de labranza para seguir a Elías, pero quiso hacer una declaración. Más específicamente, una declaración de fe. No había vuelta atrás. Si su aprendizaje profético con Elías fracasaba, no tenía otro lugar a donde ir.

Ese fue el momento sin miedo de Eliseo. No solo estaba comprando. Estaba vendiendo. Estaba dispuesto a todo, definitivamente presente en el aquí y en el ahora. No estaba viviendo en el tiempo pasado ni en el tiempo futuro. No significa que no vayas a aprender del pasado o a planificar para el futuro, pero no vives ni en uno ni en otro. Vivir así es pensar en que cada día es el primero y el último de tu vida.

¿Has hecho una declaración de fe?

No estoy hablando de repetir la oración del pecador o de asistir a una clase de confirmación. Estoy hablando de una declaración de fe, una declaración definitiva acompañada de una acción dramática que simbolice tu compromiso absoluto con Jesucristo y su causa.

Piénsalo.

Ora por eso.

Hazlo.

HAZ UNA DECLARACIÓN

Michael y María Durso son los fundadores de *Christ Tabernacle* en Queens, Nueva York. Cuando estaban en sus veinte años, Michael y María vivían tan lejos de Dios como es posible estarlo. Compartían el mismo cuarto y juntos iban de una dosis de droga a la siguiente. Un día, misteriosamente, María se encontró bajo la convicción del Espíritu Santo. No estaba en la iglesia. No estaba leyendo la Biblia. Estaba en su habitación de hotel de vacaciones cuando la convicción surgió de la nada. Lo que no sabía hasta que regresó a casa es que un grupo de sus amigos habían sido salvos mientras ella estaba ausente. Y en ese mismo momento, a miles de kilómetros de distancia, formaron un círculo de oración para interceder por ella.

Cuando regresaron a Nueva York, Michael y María dejaron de dormir juntos y comenzaron a ir a la iglesia. Después de hacer la decisión de seguir a Cristo, Michael supo que necesitaba divorciarse de su pasado. Reunió toda su parafernalia de drogas, revistas y videos que eran vestigios de su antiguo yo y, uno por uno, los fue dejando caer por el conducto del incinerador del edificio donde vivía en Nueva York.

Eso es una declaración de fe.

Por favor, no te equivoques. Somos salvos por gracia por medio de la fe. Tú no eres más salvo o menos salvo según cuán creativa, convincente o valiente sea tu declaración de fe. Se trata de la cruz de Cristo. Pero una declaración de fe lo hace personal, lo hace inolvidable.

¿Recuerdas al recaudador de impuestos que puso su fe en Cristo?[1]

Dio la mitad de sus posesiones a los pobres. Eso no fue lo que lo salvó. ¡Pero esa acción dramática fue evidencia de una decisión categórica! También se ofreció a devolver cuatro veces más a quienes había engañado. Antes de conocer a Jesús, el dinero era su dios; así que tiene sentido que su declaración de fe involucrara las finanzas.

¿Recuerdas la prostituta que ungió a Jesús?[2]

Rompió su frasco de alabastro. Eso no fue lo que la salvó. ¡Pero esa acción dramática fue evidencia de una decisión categórica! Le estaba dando a Jesús su posesión más preciosa. Romperla fue su manera de quemar su equipo de labranza. Al dar ese frasco de rico perfume a Jesús estaba renunciando a su vida anterior.

¿Recuerdas el avivamiento que estalló en Éfeso?[3]

Los que practicaban la brujería quemaron sus pergaminos públicamente. El valor acumulado de esos rollos se estimó en cincuenta mil dracmas. Una dracma era una moneda de plata que equivalía al salario de un día. ¡Aquello fue el salario de 138 años! Ellos estaban haciendo una declaración de fe de $3 739 972,50 dólares.[4]

TIEMPO PASADO

Queremos que Dios haga algo nuevo mientras nosotros seguimos haciendo lo mismo. Queremos que Dios cambie nuestras circunstancias sin que nosotros tengamos que cambiar nada. Sin embargo, si le estamos pidiendo a Dios un vino nuevo, necesitaremos un odre nuevo.

El cambio es una moneda de dos caras.

Lo viejo es una cara.

Lo nuevo es la otra.

La mayoría de nosotros nos atascamos espiritualmente porque seguimos haciendo lo mismo mientras esperamos resultados diferentes. Lo que te llevó adonde estás puede que no te lleve adonde Dios quiere que llegues.

«Búsquenme y vivirán.
Pero no acudan a Betel,
ni vayan a Gilgal,
ni pasen a Berseba [...]».
Busquen al Señor y vivirán.[5]

Betel es el lugar donde Jacob tuvo el sueño que cambió su vida. Allí levantó un altar e hizo un voto. Gilgal es el lugar donde los israelitas acamparon después de que Dios separó milagrosamente las aguas del río Jordán y pusieron por primera vez el pie en la Tierra Prometida. Solo tomó una noche sacar a Israel de Egipto, pero tomó cuarenta años sacar a Egipto de Israel. Gilgal marca el lugar donde Dios quitó su reproche. Berseba es el lugar donde Abraham hizo un pacto con Abimelec e invocó el nombre del Señor. Su hijo Isaac cavó allí un pozo y construyó un altar.

Los tres lugares tienen un significado especial. Fueron hitos sagrados en el viaje espiritual de Israel. Entonces, ¿por qué Dios les diría que *no* lo buscaran allí? Porque no encontrarás a Dios en el pasado. Su nombre no es *YO FUÍ.* Su nombre es *YO SOY.* Él es una ayuda *siempre presente.*[6] Y cuando nos aferramos demasiado a lo que Dios hizo, a menudo perdemos lo que Dios quiere hacer.

SIGUE AVANZANDO

En algún punto de nuestras vidas la mayoría de nosotros dejamos de vivir de la imaginación y empezamos a vivir sin memoria. Ese es el día en que dejamos de vivir y comenzamos a morir. Y ese es el ímpetu detrás de la exhortación de Pablo en Filipenses 3.13-14:

> *Olvidando lo que queda atrás y esforzándome por alcanzar lo que está delante, sigo avanzando hacia la meta para ganar el premio que Dios ofrece mediante su llamamiento celestial en Cristo Jesús.*

Me encanta esa pequeña frase: *sigo avanzando.*

Cada vez que la escucho, me recuerda los días en que jugaba baloncesto en la universidad. Hay dos formas de jugar a la defensiva. Una es esperar en tu lado del rectángulo que el otro equipo avance. La otra es una forma ofensiva de defensa: presionar en todo el rectángulo, es decir, forzar el juego. Salir a buscarlo y no dejar que venga a ti.

Me pregunto si la iglesia estará contenta jugando con la primera forma de defensa mientras Dios está pidiendo una defensa ofensiva. ¿No es este el mensaje de Mateo 11.12?

> *Desde los días de Juan el Bautista hasta ahora, el reino de los cielos ha venido avanzando contra viento y marea, y los que se esfuerzan logran aferrarse a él.*[7]

¿Estás jugando a la ofensiva en tu matrimonio? ¿O estás jugando a la defensiva, dejando el romance al margen? ¿Estás criando a tus hijos de forma reactiva o proactiva? ¿Tienes un plan de crecimiento espiritual? ¿Estás trabajando por un salario o estás administrando los dones que Dios te ha dado para hacer realidad un sueño ordenado por Dios? ¿Estás tratando de evitar el pecado y así salir sin ganar ni perder nada en lo espiritual? ¿O te estás jugando el todo por el todo al invadir la oscuridad con la luz y el amor de Jesucristo?

Al final de cada año, Lora y yo nos vamos a un pequeño retiro para reflexionar sobre el año pasado y planificar el siguiente. Las principales prioridades son el calendario y el presupuesto.

Si no controlamos nuestro calendario, nuestro calendario terminará por controlarnos a nosotros. El presupuesto es la forma en que jugamos ofensivamente con nuestras finanzas. También vuelvo a revisar la lista de objetivos de mi vida y establezco objetivos espirituales para el siguiente año calendario. Luego, los lunes, que son mi sábado, Lora y yo hacemos una cita para tomar un café. Es un punto de contacto semanal para asegurarnos de que trabajamos el plan con nuestra familia y nuestras finanzas. La única forma de predecir el futuro es creándolo. No dejes que suceda por generación espontánea. Hazlo que suceda. ¿Cómo? Deja de lamentarse por el pasado y comience a aprender de él. Deja ir la culpa apoyándote en la gracia de Dios. Deja de castigarse y permite que el Espíritu de Dios sane tu corazón. Dios quiere reconstruir tu pasado redimiéndolo.

El punto de inflexión espiritual es cuando el dolor de permanecer igual se vuelve mayor que el dolor del cambio. Muchos de nosotros nos sentimos cómodos con la comodidad. Seguimos a Cristo hasta el punto en que nos sentimos incómodos, pero no vamos más allá. Ahí es cuando necesitamos un profeta que entre en nuestras vidas, nos eche un manto sobre los hombros y nos despierte a una nueva posibilidad, a una nueva realidad. Necesitamos un profeta que nos guíe para confrontar con arrojo el Plan B y traernos de nuevo al Plan A.

LOS PRADOS DE LA DANZA

Eliseo nació y creció en una región de Israel conocida como Abel Meholah, o el «prado de la danza». Aquélla era el granero del valle del río Jordán. La familia de Eliseo tenía una próspera empresa agrícola. La mayoría de las granjas familiares eran tan pequeñas que no tenían más que un solo arado con una sola yunta de bueyes. Tener doce yuntas y una cuadrilla de campesinos para trabajar con ellos es evidencia de que Eliseo era rico. Quemar el equipo de labranza era más que renunciar al trabajo. Significaba renunciar a su parte de los bienes familiares. Incluso podía significar que quedara fuera de los derechos de herencia.

Nosotros tendemos a cubrirnos las espaldas. Eliseo, no. Él no estaba comprometido en un ciento por ciento con Elías. Lo estaba en un doscientos por ciento. Y eso fue lo que le dio la audacia necesaria para pedir una doble porción de la unción de Elías. Y Dios se la concedió. Durante sus sesenta años de ministerio profético, Eliseo realizó veintiocho milagros, según lo registran las Escrituras. Eso es el doble de los catorce milagros que realizó Elías.[8]

¿Qué le dio a Eliseo la santa audacia de pedir una doble porción? Eliseo no le ocultó nada a Dios. Y si te entregas totalmente a Dios, podrás pedir y esperar que Dios te entregue todo de Él, porque eso es precisamente lo que Él quiere hacer. No tenemos porque no pedimos y no pedimos porque queremos mantenemos seguros. Eliseo podría haber vivido toda su vida en los prados de la danza. Tú también podrías. Podrías seguir arando tus campos, en lugar de seguir el llamado de Dios, pero te estarías perdiendo veintiocho milagros.

DOBLE UNCIÓN

Estaba asistiendo a una clase de Doctorado en Ministerio en la Universidad de Regent, cuando un funcionario de la escuela interrumpió la clase para decirme que mi esposa necesitaba hablar conmigo.

«Mark» me dijo ella, «mi papá murió». Fue el momento más impactante de mi vida.

Mi suegro estaba en la flor de la vida y en el mejor momento de su ministerio. Dos días antes había tenido su examen físico anual, y el médico le había dicho: «Podrías conducir un camión marca Mack a través de tus arterias». Entonces, ¿cómo pudo morir de un ataque cardíaco masivo cuarenta y ocho horas después?

Manejamos de Virginia Beach al Distrito de Columbia en un tiempo récord. Luego tomamos un vuelo a Chicago, para encontrarnos esa noche en la funeraria con los demás miembros de la familia. Ver el cuerpo yaciendo en un ataúd era como un mal sueño, del cual nunca despertaríamos.

Mi suegro, Bob Schmidgall, fue mi héroe ministerial. Era un líder y maestro de diez talentos. Nunca he conocido a nadie que orara con más intensidad y coherencia. Cuando lo sorprendió la muerte, se encontraba pastoreando la misma iglesia que había comenzado en 1967 con mi suegra. Desde hacía tres décadas que esa iglesia estaba dedicando millones de dólares a las misiones. Yo estaba pastoreando una nueva iglesia con muy pocas personas y muy poco dinero. Ni siquiera la sentía como una iglesia ni yo como un pastor. Mientras permanecía junto al ataúd, me sentí impulsado por el Espíritu Santo a pedirle a Dios una doble porción de la unción de mi suegro. No sabía exactamente lo que eso significaba. Lo único que sabía era que deseaba su legado para que viviera en mí de la misma forma en que el legado de Elías vivió en Eliseo. Y creo que lo recibí. La iglesia que pastoreo todavía no es tan grande como la iglesia que mi suegro comenzó, pero los corazones de ambas laten al mismo ritmo. Este año, la *National Community Church* realizará veinticinco viajes misioneros y dedicará más de dos millones de dólares a las misiones.

La unción es difícil de definir, pero así es como yo la veo. La unción es la diferencia entre *lo que tú puedes hacer* y *lo que*

Dios puede hacer. Es el lugar donde se cruzan el poder de Dios y el favor de Dios. Es la diferencia entre lo temporal y lo eterno; entre el éxito y el fracaso.

DE VUELTA AL COMIENZO

Es difícil clasificar a los profetas, pero si en el antiguo Israel hubiese habido una liga de fantasía, Eliseo habría sido una selección en primera ronda. Todo milagro es milagroso. Pero Eliseo habría obtenido un crédito extra por separar el río Jordán, resucitar a un niño de entre los muertos y hacer flotar un hacha.[9]

Entonces, ¿por qué Dios le dio a Eliseo una doble porción?

Él la pidió. Eliseo no fue mezquino con Dios y Dios no lo fue con él. Eliseo no se amilanó.

Quemar su equipo de labranza era como renunciar a la presidencia de *Haciendas Eliseo, S.A.* Y lo hizo a cambio de una pasantía no remunerada con un profeta itinerante llamado Elías. Pasó de la parte más alta del tótem a la parte más baja. Como interno, consiguió los trabajos que nadie más quería hacer. Tú tienes que estar dispuesto a ascender por la escalera, comenzando por el peldaño más bajo.

Cada cinta negra tiene que empezar como cinta blanca.

Todos los pianistas profesionales comenzaron con las escalas.

Todos los doctores comenzaron en el jardín de niños.

Si tú no estás dispuesto a comenzar desde el principio, Dios no podrá usarte. Tienes que estar dispuesto a ser degradado del primero al último lugar. ¿No es ese el ejemplo de Jesús? El Creador Todopoderoso se convirtió en un siervo.

¿Estás dispuesto a empezar de nuevo? ¿A vaciar tu cuenta de ahorros? ¿Dar a alguien una segunda oportunidad? ¿A dar el primer paso?

En nuestra iglesia tenemos un programa de «protegidos», que es una pasantía sin paga por un año, y las personas que lo quieren tomar deben buscar su propio apoyo. Pero, si están dispuestas a hacer un sacrificio financiero, obtendrán una experiencia única en la vida.

Heather Zempel dirige nuestro ministerio de grupos pequeños. Nunca he conocido a nadie más apasionado por la formación espiritual. Hace una década, Heather estaba trabajando en Capitol Hill para un senador de los Estados Unidos. Ella estuvo dispuesta a renunciar al prestigio de trabajar en el Congreso y a todos los beneficios que vienen con él para comenzar de nuevo el programa de «protegidos». Ella quemó sus naves. En ese momento solo teníamos dos grupos pequeños, pero en la última década ella ha formado a cientos de líderes. Ha diseñado nuestro sistema de grupos pequeños que se reúnen los siete días de la semana en toda el área metropolitana del Distrito de Columbia. Así es como comienzan muchas historias de éxito en el reino de Dios. En el reino de Dios, que en muchos aspectos funciona al revés, un paso hacia abajo es en realidad un paso hacia arriba. Y si estás dispuesto a rebajarte a los ojos del hombre, estarás en las condiciones inmejorables para que Dios mismo te promueva.

Es difícil imaginarse quemando nuestras naves, porque no podemos ver ningún otro camino que no sea el río Jordán. Pero si tenemos el valor de quemar las naves, Dios separará las aguas del río para que pasemos pisando suelo seco. Y entonces descubriremos que ya no necesitamos las naves para llegar a donde Dios quiere que lleguemos. Dios mismo nos llevará allí. ¡Y el mismo Dios obtendrá la gloria!

CAPÍTULO 7

IRRUMPE EN LA FIESTA

Uno de los fariseos invitó a Jesús a comer, así que fue a la casa del fariseo y se sentó a la mesa. Ahora bien, vivía en aquel pueblo una mujer que tenía fama de pecadora. Cuando ella se enteró de que Jesús estaba comiendo en casa del fariseo, se presentó con un frasco de alabastro lleno de perfume. Llorando, se arrojó a los pies de Jesús, de manera que se los bañaba en lágrimas. Luego se los secó con los cabellos; también se los besaba y se los ungía con el perfume.

LUCAS 7.36-38

Cuando leas la Biblia, no dejes tu sentido del humor en la puerta. ¿Una fiesta organizada por un fariseo? ¡Eso es absolutamente gracioso! ¿Pero qué tan divertidos podrían estar? Apostaría a que estaban aburridos, fingiendo interesarse en una pequeña charla farisaica sobre la ley sabática. Nada de música. Nada de tragos. Y definitivamente no carne asada de cerdo porque no habría sido una comida *kosher*. ¡Y los recuerdos de la fiesta probablemente serían filacterias![1]

Y entonces entra esta mujer.

Los fariseos se sonrojaron, pero apuesto que a Jesús le brillaron los ojos. Sabía que aquello sería tan divertido como sanar a alguien en sábado. Para constancia, Jesús podría haber sanado en cualquier día de la semana. Creo que deliberadamente eligió el sábado porque eso irritaría a algunos religiosos. Y si lo sigues a Él, también ofenderás a algunos fariseos.

¿Te imaginas la expresión de los fariseos cuando esta mujer entra a la fiesta sorpresivamente? Empiezan a toser sin control cuando ella abre su frasco de perfume de alabastro. Y luego comienza a limpiar los pies de Jesús con sus cabellos.

¡Qué *ocurrencia*!

Pero ella estaba haciendo una declaración ¿no es así?

Este acto de adoración se ubica como una de las declaraciones de fe más hermosas y significativas en todas las Escrituras. Esta mujer arriesgó su reputación (lo poco que le quedaba) para ungir a Jesús. Ella sabía que los fariseos apedreaban a mujeres como ella, pero estuvo dispuesta a exponerse. Usó su posesión más preciada, un frasco de perfume de alabastro, para hacer su profesión de fe.

ROMPER EL FRASCO DE ALABASTRO

El frasco de perfume de alabastro era nardo puro, una hierba perenne que se cosecha en los Himalaya. ¡Nada menos que medio litro! Y el frasco mismo, hecho de gemas semitransparentes, era probablemente una reliquia familiar. Incluso pudo haber sido su dote.

El frasco de alabastro representaba su pasado de culpa y su futuro de esperanza. Representaba tanto su identidad profesional como su seguridad financiera. Qué irónico y, sin embargo, cuán apropiado, que el perfume utilizado en su profesión como prostituta se haya convertido en el símbolo de su profesión de fe. Ella no dudó en derramar hasta la última gota sobre los pies de Jesús.

Romper esa botella era su forma de quemar sus naves. Salió de la sombra oscura del pecado y entró en la luz del mundo.

Llega un momento en el que necesitamos limpiarnos.

Llega un momento en el que necesitamos revelar la vergüenza secreta del pecado.

Llega un momento en el que debemos dejar caer todo el peso de la gracia de Dios.

Este es ese momento para esta mujer.

¿Por qué actuamos como si nuestro pecado nos descalificara de la gracia de Dios? ¿En realidad esto es lo único que nos califica? Cualquier otra cosa es un intento de justicia propia para ganar la gracia de Dios. No puedes confiar en la gracia de Dios un noventa y nueve por ciento. Es todo o nada. El problema es que queremos un crédito parcial por nuestra salvación. Queremos ser el uno por ciento de la ecuación. Pero si intentamos salvarnos a nosotros mismos, renunciamos a la salvación que viene solo de Jesucristo y por gracia a través de la fe.

Estar dispuesto a todo significa un arrepentimiento radical. Pon todas tus cartas boca arriba en la mesa a través de la confesión. Una confesión a medias del pecado siempre resulta en un amor a medias para Cristo. Minimizar el pecado es minimizar la gracia. Y deshonra el sacrificio de Aquel que es sin pecado.

¿Qué pasaría si reuniéramos el coraje moral de esta mujer, entráramos en una habitación llena de fariseos que se justificaban a sí mismos y reveláramos nuestro pecado sin vergüenza mientras ungimos a Jesús como Señor y Salvador?

Yo sé exactamente lo que sucedería: un avivamiento en la tierra y una fiesta en el cielo.

UNA DOTE ESPIRITUAL

El frasco de alabastro se ubica entre las ofertas más singulares de las Escrituras. Fue una expresión íntima de amor, una expresión extravagante de fe.

Nuestra iglesia recibió recientemente un regalo que cae en esa misma categoría.

El dolor en el corazón de Shelley se reflejaba en su cara. El sueño de casarse se había convertido en una pesadilla cuando su prometido, inesperada e inexplicablemente, rompió su compromiso. Shelley sintió que no había forma de salir de la prisión de la amargura en la que se encontraba. Se sentía como en un confinamiento solitario. Fue entonces cuando se sintió motivada a deshacerse de lo que había sido su posesión más preciada: su anillo de compromiso. Me entregó la cajita con el anillo diciéndome: «Dios me dijo que le diera esto a la iglesia».

Fue la declaración de fe de Shelley.

En seguida, predicó un sermón de una sola frase. Dijo: «Creo que mi acto de obediencia puede convertirse en un milagro para otra persona».

Y así fue.

Cuando Matt comenzó a asistir a nuestra iglesia con su novia, Jessica, se dio cuenta de que nunca había definido su relación con Dios. Quería todos los beneficios sin ningún compromiso. Y lo mismo sucedió en su relación con Jessica. Cuando Matt se comprometió más en la iglesia, algunos Elías entraron en su vida para sacarlo de su pecado y llevarlo a la gracia de Dios. Cuando confesó su adicción a la pornografía, fue un nuevo comienzo. La confesión rompe el poder del pecado cancelado. Matt dejó atrás el miedo. Se comprometió en los negocios, y eso supuso restablecer los límites bíblicos en su vida. Salir del apartamento que compartía con Jess fue un paso adelante espiritualmente, pero fue un paso atrás financieramente.

Lo único que quería Matt era proponerle matrimonio a Jessica, pero sabía que primero tendría que ahorrar suficiente dinero como para comprar un anillo. Tan pronto ahorraba cualquier dinero, una inesperada emergencia financiera le agotaba los ahorros. Fue justo cuando Matt estaba renunciando a conseguir un anillo para Jessica que Shelley donó su anillo a la iglesia. Comenzamos a orar para que Dios revelara a quién pertenecería el anillo, y se hizo evidente que los nombres de Matt y Jessica estaban en todas partes.

Poco después de que sorprendiéramos a Matt con el anillo, él sorprendió a Jessica. Mientras remaba en el lago Tidal Basin, sacó una pequeña caja negra que tenía asegurada con una cuerda porque temía que se le cayera al agua por la forma en que temblaba. Logró ponerse de rodillas, lo cual no es fácil en un bote de remos, y disparó la pregunta. ¡La obediencia de Shelley se convirtió en el milagro de Matt y Jessica!

Una nota al pie.

Antes de que Matt hiciera la pregunta, le preguntó al padre de Jessica si podía pedir la mano de su hija en matrimonio. El suegro de Matt le dijo: «Todo lo que siempre he querido para mis hijos es que se casaran con alguien que ame a Jesús ante todo». Luego puso a Matt entre la espada y la pared: «Matthew, ¿puedes decirme que amas a Jesús más que a Jessica?». Matt hizo una pausa y luego dijo: «¡Por primera vez en mi vida, puedo decir honestamente que sí!»

¿Qué es lo más precioso para ti?

¿Tu esposo? ¿Tu esposa? ¿Tus hijos? ¿Tu trabajo? ¿Tu salario? ¿Tus logros pasados? ¿Tus metas futuras?

Bueno, pues ese es tu frasco de perfume de alabastro.

¿Amas a Jesús más que a tu posesión más preciosa? ¿Más que a la persona más preciosa de tu vida? ¿Más que a su deseo más profundo? ¿Más que a tu mayor objetivo? ¿Más que a tu mayor logro?

¿Amas a Jesús primero? ¿O en segundo lugar? ¿O en tercero? ¿O en décimo?

LAS COSAS IMPORTANTES

Es muy posible que el frasco de perfume de alabastro representara para la mujer cada centavo de los ahorros de toda su vida. Dos de los autores de los evangelios consideran que el costo del perfume es lo suficientemente importante como para darnos una estimación por escrito: ¡trescientos denarios, el equivalente al salario de un año!

Vayamos al meollo del asunto.

Para la mayoría de nosotros, el frasco de perfume de alabastro es dinero. Es nuestro huevo en la canasta; nuestro cheque del salario; nuestra cartera de acciones y nuestro fondo de retiro. Y la pregunta es la siguiente: ¿Estás dispuesto a darlo todo? No estoy sugiriendo que no debas pagar tus cuentas o el plan para tu futuro y el de tu familia. Pero si el Espíritu Santo te impulsara a regalarlo todo, ¿estarías dispuesto a romper tu frasco de alabastro y derramarlo todo, hasta la última gota, a los pies de Jesús?

Déjame ser franco, porque en el tema del dinero está Jesús. La obediencia se puede medir en *dólares*. De igual manera la fe. De igual manera el sacrificio. Por supuesto, no es la única medida, pero es una de las más precisas. Si le damos a Dios el dos por ciento de nuestros ingresos, ¿podemos realmente decir que estamos 100 por ciento comprometidos con Él? Si retenemos el diezmo, ¿podemos realmente decir: «En Dios confiamos»? Si le damos a Dios lo que nos sobra en lugar de las primicias, ¿podemos realmente decir que estamos buscando primero su reino? Dios no necesita nuestro dinero, pero Él sí quiere nuestro corazón. Cuando damos dinero a una causa del reino no estamos dando dinero, estamos dando parte de nosotros. No es como si escribiéramos en el block del cheque qué parte de nosotros estamos dando. No te equivoques, cambiamos nuestro tiempo y talento por ese dinero. Ese regalo, al igual que el frasco de perfume de alabastro, es una expresión íntima de quienes somos.

NORMA DE DAR

A Juan Wesley se le recuerda mayormente por sus grandes cruzadas, sus predicaciones multitudinarias y por ser el fundador del movimiento metodista. ¡Pero él era aún mejor dando que predicando! Él vivió bajo una simple máxima: *Haz todo lo que puedas. Ahorra todo lo que puedas. Da todo lo que puedas.*

Nuestra familia ha adoptado esa máxima como propia. Cada año intentamos aumentar el porcentaje de lo que damos. Durante su vida, Wesley dio aproximadamente 30.000 libras. Ajustado por la inflación, ¡equivaldría en dólares de hoy a $1.764.705,88 de dólares!

La génesis de su generosidad fue un pacto que hizo con Dios en 1731. Él decidió limitar sus gastos para tener más margen para dar. Su techo de ingresos era de 28 libras. Ese primer año solo ganó 30 libras, así que solo dio 2 libras. Al año siguiente, sus ingresos se duplicaron, y como había podido seguir viviendo con 28 libras, ¡tuvo 32 libras para dar! En el tercer año, su ingreso aumentó a 90 libras, pero se mantuvo dentro de sus gastos.

Su objetivo era dar todo el exceso de ingresos después de pagar las facturas y atender las necesidades de la familia. Él creía que las bendiciones de Dios debían dar lugar no a elevar nuestro *nivel de vida*, sino nuestro *nivel de dar*.

Así, Wesley continuó elevando su estándar de dar. Incluso cuando sus ingresos aumentaron a miles de libras, siguió vivió frugalmente y regalando todo el dinero excedente. Murió con unas pocas monedas en los bolsillos, pero con una bodega llena de tesoros en el cielo. Cuando se trataba de sus necesidades financieras, Wesley dejaba la solución en manos de Dios.

ALGO HERMOSO

Nuestras reacciones revelan más sobre nosotros que nuestras acciones. Cuando la mujer rompió el frasco de perfume de alabastro se produjo esta reacción entre los discípulos: «¿Por qué este desperdicio?». Pensaron que la mujer estaba echando este perfume por el desagüe al derramarlo sobre los pies de Jesús. Y se sintieron indignados; pero Jesús defendió la acción de ella. Lo que ellos llamaban *un desperdicio* Jesús lo llamó *algo hermoso*:

> *Les aseguro que en cualquier parte del mundo donde se predique este evangelio, se contará también, en memoria de esta mujer, lo que ella hizo.*[2]

¿Te imaginas el tremendo efecto de esta declaración de Jesús sobre la autoimagen de ella? Apuesto a que habrían pasado años desde que alguien le dijera una palabra amable o un cumplido.

Esta frase hizo impacto en su vida. Puso el punto final a un capítulo y comenzó uno nuevo.

Jesús no estaba prediciendo quince minutos de fama. ¡Estaba profetizando que ella haría famoso su nombre en todo el mundo por ese único acto de sacrificio! ¡Por ese único acto de valentía! ¿Cuáles son las probabilidades?

No sé dónde estás en este momento mientras lees, pero al momento se está cumpliendo aquella profecía. Desde Kennebunkport, Maine, a San Diego, California; desde los Cayos de la Florida hasta las International Falls en Minnesota; desde Brasil a Indonesia a Rusia a Corea a Irlanda, nadie puede detectar el lugar como Jesús. El potencial es el regalo de Dios para nosotros. Lo que hacemos con esto es nuestro regalo para Dios.

ESTAR A LA ALTURA

Jesús le dio a esta mujer algo que la honrara. ¡Eso es lo que hacen los profetas! Y eso es exactamente lo contrario de lo que hicieron los fariseos. Ellos susurraron entre sí: «Si este hombre fuera un profeta, sabría quién lo está tocando y qué tipo de mujer es, una pecadora».[3]

Lo único que los fariseos vieron cuando posaron sus ojos en esta mujer fue a una pecadora.

Yo creo que Jesús vio a una niña inocente jugando con su muñeca favorita, una niña que tenía esperanzas y sueños que no se parecían en nada a la realidad que le había tocado vivir. El pasado, Él lo ve como algo pasado. Él ve más allá del pecado. Él ve su imagen en nosotros. Como si se mirara en un espejo, Dios ve un reflejo de sí mismo.

Los fariseos tratan a las personas basados en su pasado.

Los profetas tratan a las personas basados en su potencial futuro.

Los fariseos le dan a la gente algo para vivir por debajo de.

Los profetas le dan a la gente algo para vivir a la altura de.

Los fariseos descartan a la gente.

Los profetas escriben para la gente.

Los fariseos ven el pecado.

Los profetas ven la imagen de Dios.

Los fariseos condenan.

Los profetas dan una segunda oportunidad.

Los fariseos redujeron a esta mujer a una etiqueta: pecadora. Y nosotros hacemos lo mismo. Ponemos etiquetas políticas, etiquetas sexuales y etiquetas religiosas. Pero en el proceso, los despojamos de su individualidad y complejidad. Jesús está interesado en convertir los malos comienzos en *felices para siempre*.

Lo hizo con la mujer atrapada en el acto de adulterio.

Lo hizo con el ladrón en la cruz.

Y lo hará contigo.

Dios no puede renunciar a ti. No está en su naturaleza. Su bondad y misericordia te seguirán todos los días de tu vida. Todo lo que tienes que hacer es dar la vuelta. ¡Todo lo que tienes que hacer es irrumpir en la fiesta!

DESESPERADOS

Esta prostituta *no* estaba en la lista de invitados. Pero ella era experta en eso de entrar y salir por la puerta de atrás. Sin duda que debe de haber habido momentos y lugares más seguros donde ungir a Jesús, pero ella decidió irrumpir en aquella fiesta.

Jesús no tenía tiempo para religiosidades. El protocolo religioso no significaba nada para Él. Si hubiera significado algo, habría elegido a los fariseos como sus discípulos. Jesús amó, alabó y recompensó una cosa: *la desesperación por Dios que sobrepasa el decoro.* Jesús amaba a los desesperados espirituales.

Jesús honró al recaudador de impuestos que trepó a un sicómoro con su traje de tres piezas solo para verlo y fue a almorzar con él. Jesús honró a los cuatro amigos que subieron y abrieron un forado en el techo de la casa de alguien y curó a su amigo paralítico. Jesús honró a la mujer que se abrió camino entre la multitud solo para tocar el dobladillo de su vestimenta y la sanó de su enfermedad crónica. Y Jesús honró a esta prostituta que irrumpió en la fiesta restaurando su dignidad y dándole una nueva oportunidad de vida.

Nada ha cambiado.

Dios sigue honrando a los desesperados que trepan a los árboles, que luchan contra las multitudes e interrumpen en las fiestas.

¿Qué tan desesperado estás tú?

¿Estás lo suficiente como para decidirte a cambiar lo que haya que cambiar, a hacer un sacrificio?

¿Lo suficiente como para orar durante las noches? ¿Para leer la Biblia? ¿Para solucionar un problema? ¿Rogar por un amigo que es un alma perdida? ¿Para dar los ahorros de tu vida a una causa del reino?

¿Desesperado lo suficiente como para estar dispuesto a todo con Dios?

La verdadera espiritualidad es «el lugar donde la desesperación se encuentra con Jesús».[4]

No tengas miedo

¡Irrumpe en la fiesta!

PARTE 3

NO A MEDIAS

CAPÍTULO 8

ALEJADOS DEL BORDE

De todas las metas que he alcanzado en la vida, escalar el Gran Cañón de borde a borde con mi hijo Parker ocupa uno de los primeros lugares en la lista. Salimos sanos y salvos del cañón. Creo que no he participado en nada más exigente físicamente, pero eso es lo que la hizo tan memorable.

Mi primera visión del Gran Cañón a través de la ventana del hotel *Grand Canyon Lodge* fue inolvidable. Me quedé mirando por una hora. Llamar simplemente al Gran Cañón una de las siete maravillas naturales del mundo parece una blasfemia geológica y teológica. Llamarla *Magnum opus* (una gran obra) es más apropiado. Cuando los rayos del sol al amanecer pintan la pared occidental con tonos rosa y púrpura, es como ver el reflejo del Creador.

He recorrido el Camino Inca y subido al Half Dome en el Parque Nacional Yosemite, pero esos desafíos no fueron tan difíciles ni peligrosos como cruzar más de 37 kilómetros de cañón en dos días, con un descenso y ascenso de 1.6 kilómetros. ¡Y lo hicimos con temperaturas superiores a los 43 ºC (110 ºF)! ¡En esos dos días perdí casi 6 kilos!

Mi principal preocupación era la seguridad de mi hijo de doce años. Pensé que llevábamos suficiente agua para los dos, pero se nos acabó cuando nos faltaban casi 5 kilómetros para llegar a nuestro destino del primer día. Me mantuve vigilando a Parker: «¿Cómo te sientes en una escala del 1 a 10?». Los números fueron bajando hasta que dijo: «¡Uno negativo!».

Llegamos a Phantom Ranch en el fondo del cañón cuando estaba anocheciendo. Nos sentíamos como un automóvil llegando apenas a una estación de servicio en medio de una gran humareda. No obstante, todavía nos quedaban energías para cenar y caer a la cama. Cuando mi alarma se disparó a las cuatro y media de la mañana siguiente, me costó levantarme. Para la excursión del segundo día, decidimos usar una ruta más corta pero más empinada con docenas de curvas en el tramo final. ¡Fue una mala elección!

Mientras avanzábamos en zigzag, nos encontramos a cientos de turistas formando una gran fila en el Borde Sur. Se les notaba fascinados por su majestuosidad como lo habíamos estado nosotros el día anterior. Y ahí fue cuando me impactó el contraste. Nuestra ropa estaba cubierta con barro del cañón de color naranja mezclado con manchas de sudor. Enjambres de moscas volaban sobre nosotros. Los turistas que se alineaban en el borde parecían haber sacado recién sus ropas pulcramente planchadas de la lavandería, en tanto que la nuestra estaba reseca y chamuscada. Ellos daban la impresión de que acababan de salir de sus habitaciones con aire acondicionado después de una deliciosa ducha fría. Algunos lam*ían* conos de helado.

Por una fracción de segundo, sentí pena por mí mismo; pero luego, sentí pena por ellos. Lo estaban viendo y, al mismo tiempo, no lo veían. Fue entonces cuando se me ocurrió un nombre para las personas que se conforman con mirar pero que nunca se deciden a entrar al cañón.

Los alejados del borde.

Cuando Parker y yo llegamos al Borde Sur, lo primero que hicimos fue volvernos y echar una mirada al camino por el que habíamos venido. Nos paramos cerca de los *alejados del borde* y tuvimos su misma perspectiva, pero no lo apreciaban como lo hacíamos nosotros. Lo estaban viendo de segunda mano; en cambio nosotros lo habíamos *experimentado* de primera mano. Estoy seguro de que algunos de esos que no se arriesgan, los alejados del borde, sabían algunas cosas sobre el cañón que yo no sabía (posiblemente habían leído algo en una guía de viajes o en un folleto del parque). Así que se podría decir que sabían más sobre el cañón que nosotros, pero no podían hacer nada más allá del conocimiento teórico. Los que practican senderismo conocen el cañón de una manera que los que no se arriesgan nunca lo harán. Estos pueden hablar y describir, pero los senderistas lo recorren paso a paso.

Hay un mundo de diferencia entre *haber leído acerca de Dios* y *conocer a Dios*. La diferencia entre esos dos puntos es la distancia entre el Borde Norte y el Borde Sur, con el Cañón de por medio.

¡La mayoría de los cristianos son cristianos alejados del borde!

NO SE OBTIENEN CRÉDITOS POR ESCUCHAR

Todos queremos pasar la *eternidad* con Dios; solo que no queremos pasar *tiempo* con Él. Miramos desde lejos, satisfechos con lo superficial. Vamos a Facebook más de lo que buscamos su rostro. Enviamos un mensaje de texto más de lo que estudiamos El Texto. Pero nuestros ojos no están fijos en Jesús, están fijos en nuestros *iPhones* y en nuestros *iPads* (con énfasis en la «i», cuyo juego en la pronunciación en inglés connota «yo»). Y entonces nos preguntamos por qué sentimos a Dios tan distante. Es porque preferimos quedarnos en el borde de la seguridad.

Queremos alegría sin sacrificio.

Queremos carácter sin sufrimiento.

Queremos éxito sin fracaso.

Queremos ganar sin dolor.

Queremos un testimonio sin prueba.

El carácter de Dios es un Gran Cañón. En las palabras de A. W. Tozer: «La eternidad no será suficiente para aprender todo lo que Él es, o para alabarle por todo lo que ha hecho».[1] Pero no es posible que llegues a conocer a Dios si lo miras desde la distancia. Tienes que caminar hacia las profundidades de su poder y ascender a las alturas de su santidad. Tienes que ir de borde a borde con Dios.

No es suficiente sentarse en un servicio religioso durante sesenta minutos. No se obtienen créditos por escuchar. Ir a la iglesia es algo bueno; pero sentarse en un banco durante sesenta minutos no es el plan final de Dios para nuestras vidas. La iglesia puede socavar su plan al convertirse en una forma sutil de codependencia espiritual. Dejamos que otra persona adore por nosotros, estudie por nosotros y ore por nosotros.

Así es como los asistentes a la iglesia se convierten en cristianos alejados del borde.

¿Eres tú un observador pasivo o un excursionista que no le teme al camino?

HAZ UNA CAMINATA

Este año haremos veinticinco viajes misioneros como iglesia. Nuestro objetivo es realizar cincuenta y dos viajes al año de modo que siempre haya un equipo misionero yendo y viniendo. Al dar prioridad a los viajes misioneros, estamos convirtiendo a los cristianos pasivos en activos. ¡Un viaje en misión vale más que cincuenta y dos sermones!

Ya estamos educados más allá del nivel de nuestra obediencia. Lo que más necesitamos no es otro sermón. Por favor, no malinterpretes lo que estoy diciendo, claro que necesitamos estudiar la Palabra de Dios con diligencia,[2] pero no necesitamos *saber* más. Necesitamos *hacer* más con lo que sabemos. Al final del tiempo, Dios no dirá: «Bien pensado, intelectual» o «Bien dicho, predicador». Solo hay un elogio: «¡Hiciste bien, siervo bueno y fiel!».[3]

Tengo un simple razonamiento acerca de la madurez espiritual. Se trata de que lo *teórico* se convierta en *experiencial.* Cuando lees por primera vez un versículo de las Escrituras, no estás haciendo más que un ejercicio teórico porque aún no lo has experimentado. Mientras no lo experimentes por ti mismo, la gracia de Dios es teoría. Pero una vez que lo experimentas, se convierte en la realidad que redefine tu vida. Lo mismo es verdad en cuanto a las promesas de Dios. La forma de demostrarlas es poniéndolas en práctica. Entonces, cuando Dios las hace efectivas, la teoría se convierte en realidad. Así, con el tiempo, la Biblia se vuelve menos teórica y más experiencial. Versículo tras versículo, la Biblia se convierte en tu realidad espiritual, una realidad que es mucho más real que la realidad que puedes percibir con tus cinco sentidos.

En el idioma hebreo, no hay distinción entre *saber* y *hacer.* Saber es hacer y hacer es saber. En otras palabras, si no lo estás haciendo, entonces realmente no lo sabes. Eres otro más alejado del borde.

¡TOMA EL SENDERO!

Es hora de despojarse del miedo al borde.

Dale a Dios todo lo que tienes: el ciento por ciento. Ama a Dios con *todo* tu corazón, alma, mente y fuerza. No lo adores solo con palabras. Adóralo con sangre, sudor y lágrimas. La adoración es más que sentimientos sinceros, es tu aporte o mano de obra a las causas del reino.

Tú no puedes ser las manos y los pies de Jesús si estás sentado sobre tu trasero.

La iglesia no es deportes por televisión. No puedes decir «*Voy a la iglesia*» porque *tú eres la iglesia*. La iglesia no es un edificio con una dirección específica. La iglesia no es una reunión en un momento determinado. ¡Si tú *eres* la iglesia, entonces la iglesia está actuando cuando y donde quiera que estés!

Tu lugar de trabajo es tu campo misionero.

Tu trabajo es tu sermón.

Tus colegas son tu congregación.

Es por eso que a menudo terminamos nuestros servicios con esta bendición:

Cuando dejes este lugar, no te alejas de la presencia de Dios. Lleva la presencia de Dios contigo a dondequiera que vayas.

CAPÍTULO 9

ESCALAR EL ACANTILADO

Saúl estaba en las afueras de Guibeá, bajo un granado en Migrón, y tenía con él unos seiscientos hombres.

1 SAMUEL 14.2

En un vuelo transatlántico desde Etiopía a D.C., vi una película llamada *We Bought a Zoo* [Un zoológico en casa]. Matt Damon interpreta el papel de un escritor británico, Benjamin Mee, quien rescata un zoológico en decadencia y acepta vivir como viudo y padre soltero. Una frase de la película es inolvidable: «A veces, todo lo que necesitas son veinte segundos de valor alocado».

Veinte segundos de valor alocado.

Eso es todo lo que se necesita.

Ese fue el tiempo que le tomó a Pedro para salir de la barca en medio del Mar de Galilea. Ese fue el tiempo que le tomó a David para hacerse cargo de Goliat. Ese es el tiempo que le tomó a Zaqueo subirse al sicómoro para ver a Jesús.

La historia se convierte en una moneda de diez centavos, y la moneda de diez centavos en una decisión definitoria que toma unos veinte segundos de valor alocado. Si tienes el valor de dar ese paso de fe y escalar el acantilado, cambiarás tu vida para siempre.

Eso ese fue el tiempo que me tomó entregar mi vida a Cristo.

Ese fue el tiempo que me tomó llamar a Lora para invitarla a salir en nuestra primera cita.

Ese es el tiempo que me tomó decir *sí* a una iglesia en Washington, D. C.

Veinte segundos de valor alocado.

Eso es todo lo que se necesita.

¿Qué decisión difícil necesitas hacer?

¿Qué conversación difícil necesitas tener?

¿Qué riesgo loco necesitas tomar?

SANTA LOCURA

¿Te imaginas a Saúl recostado tranquilamente a la sombra de un árbol de granada comiendo semillas? ¡Apuesto a que algunos de sus soldados de menor rango incluso lo estaban abanicando! En lugar de estar buscando pelea contra el enemigo, el líder del ejército de Israel está buscando granadas. Y esto no debería ser una sorpresa, ya que Saúl tenía un largo historial de dejar que otros pelearan sus batallas. ¡A él le gustaba quedarse alejado del borde! Sin embargo, su hijo Jonatán era todo menos eso. Jonatán era un escalador de acantilados.

Saúl jugaba a no perder. Jonatán jugaba a ganar. Y esa es la diferencia entre el miedo y la fe. Si dejas que el miedo dicte tus decisiones, vivirás de manera defensiva, reactiva, cautelosa. Vivir por fe es jugar a la ofensiva con tu vida. Y esa es la diferencia entre mantenerse con Dios y darlo todo por Dios.

Veinte segundos de valor alocado.

No se me ocurre una mejor descripción de Jonatán peleando con los filisteos. Fue una locura, pero si Dios está en ella, es una locura santa.

No te sorprendas si se burlan de ti, si te critican y se ríen cuando hagas una locura. Más bien, preocúpate si no lo hacen. Los demás pueden pensar que estás loco cuando escalas un acantilado, pero la única otra opción es que piensen que es normal. ¿Quieres ser normal? ¡Tampoco yo! ¡Normal es lo último que quiero ser!

Estoy seguro de que los otros once discípulos de vez en vez hacían movimientos burlones a Pedro por hundirse al caminar en el Mar de Galilea, pero *ellos* nunca caminaron sobre el agua. ¿O lo hicieron? ¿Has notado cómo la mayoría de los que critican a los caminantes acuáticos lo hacen desde los cómodos confines de un bote? ¿Y muchos de los que critican a los escaladores de acantilados lo hacen desde la planicie?

Los hermanos de David lo criticaron por desafiar a Goliat, ¡pero David llegó a los titulares mientras ellos se quedaron en las sombras del anonimato! Y estoy seguro que la multitud se enojó con un recaudador de impuestos mientras trepaba un árbol para ver a Jesús; sin embargo, ninguno de ellos fue invitado a almorzar con Jesús.

Entonces, ¿qué motivó a Jonatán a escalar el acantilado? ¿Qué desencadenó los veinte segundos de valor alocado?

Déjame montar la escena.

Durante los primeros días de gobierno del rey Saúl, los filisteos controlaban la frontera occidental de Israel y mantenían el control en el paso llamado Mikmash. Saúl parecía contento de mantenerse al margen, en cambio Jonatán quería estar en la vanguardia.

> *«Ven acá. Vamos a cruzar al otro lado, donde está el destacamento de los filisteos».*[1]

Un paso de fe es todo lo que se necesita para dejar atrás el miedo. A menudo es el paso más largo, difícil y aterrador. Pero cuando lo damos, motivados por la gloria de Dios, la mano y el corazón de Dios entran en acción.

Llega un momento en nuestras vidas cuando ya es suficiente. Nos negamos a seguir siendo los mismos.

Este fue ese momento para Jonatán.

Una versión de la Biblia define la acción del hijo de Saúl como «el Plan atrevido de Jonatán». Para ser honesto, parecería un plan estúpido porque Jonatán se expuso ante el enemigo a plena luz del día y le concedió el terreno elevado. Luego se le ocurrió esta señal para determinar si debía o no enfrentarse al enemigo:

> *Pero, si nos dicen: «¡Vengan acá!», avanzaremos, pues será señal de que el SEÑOR nos va a dar la victoria.* [2]

¡Si estoy inventando las señales, hago exactamente lo contrario! Si *vienen* a nosotros, esa será nuestra señal. O mejor aún, si bajan por el acantilado, esa será nuestra señal. Jonatán eligió la opción más difícil, peligrosa y atrevida que existía. Por eso es por lo que esta historia me encanta. ¿Cuándo empezamos a creer que Jesús murió para darnos seguridad? ¡Él murió para llevarnos al peligro! No estoy seguro qué era más peligroso: si escalar el acantilado o pelear contra los filisteos. No había ninguna garantía de que Jonatán sobreviviera a la escalada. Incluso, si lograba llegar a la cima, Jonatán y sus hombres eran superados en número de diez a uno.

¿Puedes imaginar un enfrentamiento a espadas después de escalar un acantilado? ¡Qué espectáculo sería! No se estaba buscando una salida fácil. Era un asalto total. No era cuestión de optar por la vía de menor resistencia. Se trataba del camino de la mayor gloria, y eso generalmente significa optar por la alternativa más difícil y peligrosa. Jonatán sabía que si atacaba por ahí contra todas las posibilidades, Dios obtendría toda la gloria.

Entonces ¿qué fue lo que lo motivó? ¿Qué fue lo que gatilló en él esos veinte segundos de valor loco?

Es imposible psicoanalizar a alguien que vivió hace miles de años, pero una afirmación revela el MO de Jonatán, este *modus operandi* es la clave de su sistema de operación. Y es una de mis oraciones favoritas de todas las Escrituras.

> *Espero que el Señor nos ayude.* [3]

Me temo que muchos creyentes operan desde la mentalidad opuesta: el Señor no va a actuar por nosotros. Muchos han dejado que el miedo dicte sus decisiones en lugar de la fe. Así que terminaron bajo un árbol de granada en las afueras de Guibeá.

Nuestra falta de agallas es realmente una falta de fe. Pero los escaladores de acantilados prefieren caer sobre sus rostros que sentarse sobre su trasero. Prefieren cometer errores que perder oportunidades. Los escaladores de acantilados saben que un paso de fe puede crear un punto de inflexión que cambiará no solo *su* destino sino también el curso de la historia. Y eso es, precisamente, lo que ocurrió después del movimiento audaz de Jonatán.

> *Así libró el Señor a Israel aquel día.*[4]

Pero este día podría ser *ese día*. Todo lo que se requiere es una decisión definitoria.

Hace poco hablé en el comienzo de clases en una universidad. Déjame decirte el manifiesto que compartí con ellos:

Deja de vivir como si el propósito de la vida fuera llegar asegurado a la muerte.

Establece metas del tamaño de Dios. Persigue las pasiones ordenadas por Dios. Anda tras un sueño que esté destinado a fracasar sin la intervención divina.

Sigue haciendo preguntas. Sigue cometiendo errores. Sigue buscando a Dios.

Deja de señalar los problemas y conviértete en parte de la solución.

Deja de repetir el pasado y empieza a crear el futuro.

Deja de jugar a lo seguro y comienza a tomar riesgos.

Expande tus horizontes. Acumula experiencias. Disfruta la vida.

Encuentra todas las excusas que puedas para celebrar todo lo que puedas.

Vive como si hoy fuese el primer día y el último de tu vida.

No dejes que lo que está mal contigo te impida adorar lo que está bien con Dios.

Quema los puentes pecaminosos. Intenta nuevos senderos.

No dejes que el miedo dicte tus decisiones. Da un salto volador de fe.

Deja de aguantar. Deja de contenerte.

Ve con Dios. Dalo todo por Dios.

DECÍDETE A PELEAR

Mi amigo Bob Goff es un tipo lleno de extravagancias. Una noche, mientras cenábamos después de haber predicado en nuestra iglesia, nos desafío a *tomar el control de un país entero.*

¡No estaba bromeando! Nos dijo con una sonrisa: «¿Y por qué no?». Y por qué no habría de retarnos, después de la forma en que Dios usó a este hombre para impactar a una nación entera: Uganda.

Hay dos tipos de personas en el mundo: los que dicen *por qué* y los que dicen *por qué no*. Los *por qué* buscan excusas; los *por qué no* buscan oportunidades. Los *por qué* tienen miedo de cometer errores. Los *por qué no* no quieren perderse las oportunidades ofrecidas por Dios.

Conocí a Bob en el Desayuno Nacional de Oración en Washington, D.C., formaba parte de un panel dedicado a tratar sobre el tráfico de personas. A través de una loca confluencia de eventos que solo Dios pudo haber orquestado, Bob, siendo estadounidense, fue nombrado cónsul honorario de la República de Uganda en los Estados Unidos.

Gran parte de su trabajo en Uganda está dedicado a luchar por aquellos que no pueden luchar por ellos mismos. Cada año, los médicos brujos matan a cientos de niños en sacrificios rituales. Un niño llamado Charlie tendría que ser uno de ellos; sin embargo, en medio del proceso y a pesar de haber sido brutalmente desfigurado, logró escapar. Bob demandó al médico brujo, y en lo que significó la primera condena en la historia del país contra un médico brujo, ganó la demanda. Se hizo amigo de Charlie y lo trajo a los Estados Unidos, donde podría obtener la atención médica que necesitaba; además, le consiguió una beca para que el niño accediera a una educación universitaria al llegar ese día.

Fue en ese panel que Bob dijo algo improvisado y que se ha convertido en un lema personal: *decídete a pelear*. Esas tres palabras agitaron algo profundo dentro de mi alma.

Eso es exactamente lo que Jonatán hizo. Se decidió a pelear contra los filisteos. Estaba cansado de retroceder, así que se detuvo. Estaba cansado de jugar a la defensiva, así que decidió pasar a la ofensiva. Estaba cansado del *statu quo*, así es que decidió acabar con él.

¿Cómo funciona eso de decidirse a pelear?

Comienza cuando nos ponemos de rodillas. Orar es pelear contra el enemigo. Es la guerra espiritual. La intercesión nos transporta desde la retaguardia a las líneas del frente sin que tengamos que movernos de donde estamos. La oración es la diferencia entre nosotros luchando por Dios y Dios luchando por nosotros. Pero no podemos simplemente quedarnos de rodillas. Tenemos que dar un paso, asumir una posición. Y cuando lo hacemos, no sabemos lo que Dios hará a continuación.

Aquí está el resto de la historia.

Después de obtener la condena contra el médico brujo, Bob lo visitó en la cárcel. Aquel doctor hechicero entregó su vida a Jesucristo y ahora está predicando el evangelio a otros presos. No se trata solo de ganar una batalla. ¡Se trata de ganarlos a ellos!

JUEGA A LA OFENSIVA

La batalla cósmica entre el bien y el mal ruge a nuestro alrededor todo el tiempo; sin embargo, nosotros vivimos como si estuviéramos en un tiempo de perfecta paz. Hace dos mil años, Jesús reunió a las tropas y mandó a pelear con las armas espirituales.

> *Edificaré mi iglesia, y las puertas del reino de la muerte no prevalecerán contra ella.*[5]

Las puertas son medidas defensivas. Fidelidad no es simplemente mantener el fuerte. Es asaltar las puertas del infierno y recuperar el territorio enemigo que pertenece a Dios.

Me temo que hemos reducido la justicia a la ausencia de injusticia, pero la bondad no es la ausencia de maldad. No puedes hacer nada mal y aun así no hacer nada bien. ¿Recuerdas la parábola de las bolsas con monedas de oro?

En nuestra iglesia no nos quedamos quietos mucho tiempo. Siempre estamos pensando en lo que sigue. Tenemos un pequeño lema que se ha convertido en parte de nuestra mentalidad: *Ir. Establecer. Listos.* Eso puede parecer al revés, pero es la forma en que seguimos avanzando. Si esperamos hasta estar listos estaremos esperando el resto de nuestras vidas. Nunca tendremos los recursos humanos ni los recursos financieros para hacer lo que Dios nos ha llamado a hacer. En tal caso, nuestros sueños serán demasiado pequeños.

ENFRENTA TUS MIEDOS

Hace unos meses, fuimos a tomar café un miembro del Concilio de la ciudad de Washington, D.C. y yo. Yo quería escuchar su sentir acerca de las necesidades más importantes de la ciudad para ver cómo nosotros, como iglesia, podríamos ayudar a satisfacerlas. Tuvimos una gran conversación que abarcó desde la falta de paternidad hasta la falta de vivienda.

Al final de nuestra conversación, le pregunté si me permitía orar por él. Acababa de anunciar su intención de competir para el cargo de alcalde del Distrito de Columbia, así que yo sabía que estaba sintiendo la presión de la política en un nivel completamente nuevo. Cuando no me dio una respuesta de inmediato, temí que lo hubiese ofendido; sin embargo, después de unos segundos, me miró a los ojos y me dijo: «Ore para que no deje que el miedo dicte mis decisiones».

Si las elecciones hubiesen tenido lugar en ese momento, habría votado por él.

En la ciudad donde vivo las decisiones a menudo se toman sobre la base de encuestas de opinión, en lugar de sobre principios morales. Pero todos estamos expuestos al orgullo, la lujuria, la ira y los celos. Esos dictadores a menudo afectan nuestras decisiones de manera subconsciente. Pero el peor dictador es el miedo. Gobierna a través de la intimidación. Y el filisteo más grande entre ellos es el miedo al fracaso.

Tú has elegido un dictador. Puedes dejar que el miedo dicte tus decisiones, o puedes dejar que la fe lo haga.

MÁS VALE PREVENIR QUE LAMENTAR

Es importante hacer una distinción entre los asuntos de *personalidad* y los asuntos *espirituales*. Algunas personas parecen estar hechas para el riesgo, mientras que otras no lo están. En el espectro del riesgo, cada uno se ubica en diferentes lugares; sin embargo, no porque no seas un tomador de riesgos natural no significa que estés exento por tu forma de ser.

Piénsalo de esta manera. Hay dones espirituales como la misericordia, la fe o la generosidad que permiten *establecer estándares*, por así decirlo. Pero solo porque tú no tengas esos dones espirituales no significa que no tengas que asumir tales estándares en todo. Incluso si no has sido bendecido con tales dones, aun así estás llamado a vivir de manera misericordiosa, fiel y generosa. Podrías no reunir el estándar, pero debes cumplir con el estándar. Hay una línea básica a la que todos estamos llamados a sujetarnos. Cuando se presenta la oportunidad debemos mostrar misericordia, ejercer fe y dar generosamente.

En el mismo sentido, todos estamos llamados a asumir riesgos. Si no implica un riesgo, no se puede ejercitar la fe.

Hace una década, dos psicólogos de la Universidad de Michigan llevaron a cabo un fascinante estudio que reformuló la forma en que pienso sobre el miedo.[6] A un grupo de voluntarios se les puso una gorra de electrodos para que los investigadores pudieran analizar la actividad cerebral en respuesta a ganar y perder durante un juego de apuestas simulado por computadora. Con cada apuesta, la corteza frontal medial mostraba un aumento de la actividad eléctrica en cuestión de milisegundos. Pero lo que intrigó a los investigadores fue que la negatividad frontal medial mostró una caída mayor después de una pérdida que el aumento de la positividad frontal medial después de una victoria. Los investigadores llegaron a una conclusión simple pero profunda: *las pérdidas pesan más que las ganancias*.[7]

Muchos juegan para no perder. Es nuestra configuración neurológica por defecto. Nos fijamos en los pecados de comisión en lugar de los pecados de omisión. Y tal vez es por eso por lo que nos acercamos a la voluntad de Dios con una mentalidad de «más vale prevenir que lamentar».

La mayoría de nosotros somos demasiado dubitativos cuando se trata de la voluntad de Dios. Tenemos tanto miedo de hacer una decisión equivocada que no hacemos ninguna. Y ninguna decisión es una decisión. Se llama indecisión.

ASUME UNA POSICIÓN

El 31 de octubre de 1517, un monje llamado Martín Lutero se peleó con la jerarquía eclesiástica. Tuvo la audacia de desafiar el *statu quo* al atacar la venta de indulgencias. Lutero clavó noventa y cinco tesis en las puertas de la Iglesia de Todos los Santos en Wittenberg, Alemania, y encendió la Reforma Protestante.

Hace unos años, tuve el privilegio de visitar Wittenberg, precisamente en el Día de la Reforma. Lo que me sorprende es la forma en que un monje poco conocido de una pequeña aldea en medio de la nada pudo impactar la historia como lo hizo él. Pero eso es lo que pasa cuando no se tiene miedo.

No creo que Martín Lutero se haya dado cuenta de que estaba haciendo historia como la hizo, pero nuestros pequeños actos de valor tienen un efecto dominó. Cuando hacemos lo correcto, sin importar las circunstancias o las consecuencias, estamos creando las condiciones para que Dios vuelque las mesas. Todo lo que necesitamos hacer es decidirnos y hacerlo.

En la Dieta de Worms en 1521, Martín Lutero fue convocado por el santo emperador romano Carlos V y juzgado por sus creencias. Lutero hizo acopio de todo su valor moral para asumir una posición: «Mi conciencia es prisionera de la Palabra de Dios, y no puedo ni quiero revocar nada reconociendo que no es seguro o correcto actuar contra la conciencia. Que Dios me ayude. Amén».[8]

¿Por quién necesitas tú asumir una posición?

¿Por los vagabundos? ¿Por los huérfanos? ¿Por los que no tienen voz?

¡Olvídate de la seguridad! Asciende el acantilado. Decídete a pelear.

CAPÍTULO 10

CONSTRUYE EL ARCA

Por la fe Noé, advertido sobre cosas que aún no se veían, con temor reverente construyó un arca para salvar a su familia.

HEBREOS 11.7

En 1948, el jefe de Lakota, Henry Standing Bear, le encargó a Korczak Ziolkowski el diseño de una escultura de montaña para honrar al famoso guerrero *Crazy Horse*. La gran ironía es que *Crazy Horse* nunca dejó que lo fotografiaran. Uno se preguntaría cómo se sentiría con una estatua suya de 171 metros de altura tallada en la cara de granito de Black Hills. Korczak falleció en 1982, pero la familia Ziolkowski ha retomado la visión de su padre y ha continuado el tallado de la escultura. La fecha prevista para que quede terminada es 2050, muy cerca de los cien años.

¡Cien años dedicados a una tarea!

Pero *Crazy Horse* se queda corto en veinte años respecto de lo que tardó Noé en construir el arca. A Noé le tomó 120 años construirla. Si en aquel entonces hubieran puesto nombre a los botes como lo hacen ahora, creo que bautizar el arca como *Loco Santo* habría dado en el clavo. La construcción del arca de Noé se ubica entre los proyectos de construcción más grandes y más largos de la historia. Creo que fallamos en apreciarlo por lo que es: ¡un barco realmente grande construido hace mucho tiempo! Haz una pausa y piénsalo.

El arca medía 300 codos de longitud, 50 codos de ancho y 30 codos de altura. En el sistema de medida hebreo, un codo era el equivalente a 17.5 pulgadas. Eso significa que el arca tenía la longitud de uno y medio campos de fútbol. No fue sino hasta finales del siglo XIX cuando volvió a construirse un barco de ese tamaño, pero el factor de seguridad de 30:5:3 todavía se considera el punto medio para la estabilidad durante las tormentas en el mar. El volumen interno del arca fue de 1.518.750 pies cúbicos, el equivalente a 569 vagones.[1] Si el animal promedio era del tamaño de una oveja, tenía capacidad para 125.000 animales. Para poner eso en perspectiva, en el Zoológico Nacional de Washington, D.C. hay dos mil animales de cuatrocientas especies diferentes. ¡Eso significa que se podrían haber colocado sesenta zoológicos nacionales en el arca de Noé!

La construcción del arca requirió una rara combinación de cerebro y músculos. Necesitó una gran cantidad de genios creativos. Después de todo, fue el primer barco jamás construido. No era como si el proyecto hubiese venido con un manual de instrucciones para armar. Fue un trabajo agotador. Demandó cubos de sangre, sudor y lágrimas. Pero incluso más que el cerebro y la fuerza muscular, se necesitó una cantidad incalculable de fe para construirla.

¿Quién construye un barco en el desierto? ¿Quién trabaja durante 120 años en algo que quizás ni siquiera llegue a necesitar? Según la tradición judía, Noé no solo comenzó a construir el arca, sino que primero plantó árboles. Después de que crecieron, los aserró, los transformó en tablas y entonces se dispuso a construir el arca.

No fue una carrera de 100 metros planos; fue una maratón.

No iba tras quince minutos de fama. Iba tras la gloria eterna.

No le importó la opinión pública. Vivió para el aplauso de manos con cicatrices de clavos.

CONSTRUYE EL ARCA

LARGA OBEDIENCIA

¿Hiciste lo que se supone debías hacer?

Esta pregunta no se puede responder con palabras. Debe ser respondida con tu vida.

Noé construyó el arca porque Dios se lo ordenó. Se suponía que era lo que tenía que hacer. Aserrar madera y martillar eran actos de obediencia. Y cuando todo quedó dicho y hecho, fue el acto más largo de obediencia registrado en las Escrituras. ¡De principio a fin, el acto de obediencia de Noé tomó nada menos que 43.800 días!

Se suponía que yo debía escribir libros.

De hecho, cuando estaba en la escuela de posgrado obtuve una calificación inferior al promedio en un examen de aptitud para escribir; no obstante, yo sabía que mi llamado había sido para escribir. También sabía que mi falta de aptitud requeriría una mayor confianza en la unción de Dios. ¡Y así es como Dios obtiene más gloria!

Durante trece años, fui un escritor frustrado. No podía completar ni un solo manuscrito. No disfrutaba de mi cumpleaños porque era como un recordatorio anual de un sueño sin cumplir. Cuando finalmente publiqué mi primer libro, *In a Pit with a Lion on a Snowy Day* [En un foso con un león en un día nevado], sentí más alivio que alegría. Por fin había hecho exactamente lo que debía hacer.

Escribir es más que combinar las veintisiete letras del alfabeto en palabras y oraciones, párrafos y capítulos. Para mí, escribir un libro es un acto de obediencia que generalmente toma entre cuatro y seis meses desde la madrugada hasta la tarde.

No solo escribo con un teclado.

Oro con eso.

Adoro con eso.

Sueño con eso.

Poner la alarma a primera hora de la mañana y sentarme ante mi teclado son actos de obediencia. Es lo que se supone que debo hacer. Cuanto más difícil es y cuanto más tiempo lleva, más glorificado es Dios.

No importa qué herramienta uses en tu oficio: un martillo, un teclado, un trapeador, un balón de fútbol, una hoja de cálculo, un micrófono o una máquina de café expreso, úsalo como un acto de obediencia. Es el mecanismo por el cual adoras a Dios. Es la manera en que haces lo que se supone que tienes que hacer.

CUESTIÓN DE PRECEDENCIA

No sé lo que pasaría por la mente de Noé cuando Dios le dijo que construyera un barco, pero supongo que fue algo así como ¿Estás bromeando? O *¿Te has vuelto loco?* Noé ni siquiera tenía una idea sobre lo que Dios lo estaba llamando a construir. Era algo absolutamente sin precedentes. Sin embargo, obedeció cada jota y cada tilde de la revelación que Dios le dio.

Y Noé hizo todo según lo que Dios le había mandado.[2]

Yo quiero que Dios me revele el segundo paso antes de dar el primero de fe; sin embargo, si yo no doy el primero, Dios no me va a revelar el siguiente. Si queremos más revelación, debemos ser obedientes en la medida de la revelación de lo que Dios ya nos ha dado. Queremos más revelación en lugar de obedecer más, pero Dios quiere que le obedezcamos más antes de que nos revele más.

La mayoría de nosotros estamos dispuestos a seguir a Cristo solo hasta el punto de precedencia. Pero no más allá. Tenemos miedo de hacer lo que nunca hemos hecho porque nos es un territorio desconocido. Así que dejamos sin reclamar los nuevos dones, las nuevas unciones y los nuevos sueños que Dios quiere darnos.

Si usted quiere que Dios haga algo nuevo, no puede seguir haciendo lo que siempre ha hecho. Tiene que superar el miedo a lo desconocido. Queremos una garantía de devolución del dinero antes de dar un paso de obediencia, pero eso elimina la fe de la ecuación. A veces necesitamos dar un gran salto de fe.

Debemos entrar en el conflicto sin saber si podremos resolverlo. Necesitamos compartir nuestra fe sin saber cómo reaccionarán nuestros amigos. Necesitamos orar por un milagro sin saber cómo responderá Dios. Necesitamos ponernos en una situación que active un don espiritual que nunca hemos ejercido. Y necesitamos ir tras un sueño que está destinado a fracasar sin la intervención divina.

Si queremos descubrir nuevas tierras, debemos perder de vista la costa. Tenemos que dejar atrás la tierra de la familiaridad. Tenemos que navegar más allá de lo predecible. Y cuando lo hacemos, desarrollamos un hambre espiritual por lo que no es precedente y perdemos el apetito por lo habitual. Es una forma de poner a prueba el favor de Dios.

HALLAR GRACIA

Noé contaba con el favor del Señor.[3]

En una época en que prevalecía una gran iniquidad sobre la tierra, un hombre sobresalió.

El favor de Dios es lo que Dios puede hacer por ti y que es lo que tú no puedes hacer por ti mismo.

Es su favor el que abre la puerta de la oportunidad.

Es su favor el que convierte a la oposición en apoyo.

Es su favor el que puede ayudarlo a conseguir la promoción, a hacer la lista o a sellar el trato.

Yo oro por el favor de Dios más que por cualquiera otra cosa. Lo pido para mis libros. Lo pido para la *National Community Church*. Y lo pido por mis hijos. Basado en Lucas 2.52, he orado por mis hijos miles de veces:

> *Que crezcan en sabiduría y estatura, y en favor de Dios y de toda la gente.*

Entonces, ¿cómo encontrar el favor de Dios? La respuesta es una sola palabra: ¡obediencia!

El proceso comienza rindiendo nuestras vidas al señorío de Cristo. Jesús proclamó el favor de Dios en su primer sermón. Después, selló el trato con su muerte y resurrección. El favor es una función de sometimiento. Si no nos aferramos a Dios, Dios no lo hará con nosotros.

> *El Señor brinda generosamente su bondad a los que se conducen sin tacha.*[4]

Nos hacemos dignos del favor de Dios al caminar con humildad y pureza. Toda promesa es *sí* en Cristo. Cada bendición espiritual se convierte en nuestro derecho de nacimiento. Y si nos consagramos a Él, su favor será nuestra vanguardia y nuestra retaguardia.

En un sentido, todo lo que necesitamos es el favor que se encuentra al pie de la cruz; sin embargo, el favor de Dios no se limita al reino espiritual. Su favor se extiende también al reino material. La vida de Noé se tradujo en ingeniosas invenciones. Fue el Leonardo da Vinci y el Thomas Edison de su época. No solo construyó el primer barco y fue pionero en la industria de la construcción naval. Según la tradición judía, Noé inventó el arado, la guadaña, la azada y una serie de otros implementos utilizados para cultivar la tierra. El favor de Dios traducido en ideas de Dios.

No importa lo que hagas, Dios quiere ayudarte a hacerlo. Quiere favorecer tu plan de negocios, tu campaña política, tu manuscrito, tu plan de lección, tu informe legal, tu película y tu argumento de ventas. Pero tienes que tomar posesión de ese favor actuando en obediencia. Y si Dios sabe que obtendrá la gloria, te bendecirá más allá de tu capacidad, más allá de tus recursos y más allá de tus temores.

SI LO CONSTRUYES

Una de mis películas favoritas de todos los tiempos es *Field of Dreams* (*Campo de sueños*) en la que Kevin Costner interpreta el papel de Ray Kinsella, granjero novato y amante del béisbol. Mientras camina por un campo de maíz, Ray oye un débil susurro: «Si lo construyes, vendrán». Ray, literalmente, apuesta la granja y construye un diamante de béisbol en medio de la nada. Después de mucho examen de conciencia y tacañería, aparecen misteriosamente los fantasmas del béisbol de épocas pasadas y juegan.

Más de una década después, yo tuve mi propio «campo de sueños». No era un sembrado de maíz en Iowa, sino que era una *casa de crack* (antiguo fumadero de drogas) en Capitol Hill, Washington, D.C. Un día, mientras caminaba frente a aquella casa abandonada que se estaba cayendo a pedazos y por donde habría pasado cientos de veces, escuché que el Espíritu Santo me decía con una voz muy suave: *Esta casa de crack podría llegar a ser una gran cafetería.*

No es fácil discernir entre una buena idea y una idea de Dios; sin embargo, yo estaba bastante seguro de que la voz que escuché era del Espíritu Santo.

El precio de venta para esa propiedad de notoria antigüedad era de 1 millón de dólares por su incomparable ubicación: a menos de cinco cuadras del Capitolio, a una cuadra de Union Station, y justo al lado de la *Securities and Exchange Commission*.

¡No estábamos en capacidad de comprarla, así es que durante cinco años dimos vueltas alrededor de nuestra Tierra Prometida orando! Cuanto más orábamos, más bajaba el precio. Y a pesar de que cuatro compradores interesados ofrecieron más dinero que nosotros, terminamos comprándola por $325.000 dólares.

La visión original era crear un lugar donde la iglesia y la comunidad pudieran encontrarse. Y aunque parecía una idea un poco loca que una iglesia instalara una cafetería, el método mismo de nuestra locura fue modelado por el propio Jesús. Recordemos que Jesús no solo se juntaba con personas religiosas en lugares religiosos, sino que se quedaba junto a los pozos (lugares naturales de reunión de la cultura antigua). ¡Así fue como caímos en la cuenta de que los cafés son pozos posmodernos! Pero en lugar de agua, servimos café. En realidad, el café era el motivo. La Cafetería Ebenezer da cada centavo de ganancia a las misiones. Desde nuestros inicios, más de un millón de clientes han entrado por nuestras puertas y hemos entregado más de $750.000 dólares a las causas del reino. También hemos sido elegidos el Café No. 1 en el área metropolitana del Distrito de Columbia.

Se supone que las iglesias construyen edificios de iglesias, no cafeterías. Entiendo eso. Y cuando Dios originalmente nos dio la visión, no tenía precedentes. Lo cual es una buena manera de decir que era algo arriesgado. ¡Pero a menudo, las causas del reino comienzan como ideas locas! Y si Dios está en ellas, son locuras santas. Nadie en nuestro personal tenía experiencia empresarial alguna. Ninguno de nosotros había trabajado en una cafetería. ¡Y yo ni siquiera tomaba café! Pero ese no es el asunto. El punto central es este:

¿Era esto lo que teníamos que hacer?

COMO SI

Fe es la disposición de parecer tonto.

Noé parecía tonto construyendo un arca en el desierto. Sara parecía tonta comprando ropa de maternidad a los noventa. Moisés parecía tonto pidiéndole a Faraón que dejara ir a sus esclavos. El ejército israelita parecía tonto mientras marchaba alrededor de Jericó tocando trompetas. David parecía tonto atacando a Goliat con una honda. Los magos parecían tontos siguiendo una estrella a Timbuktú. Pedro parecía tonto saliendo de la barca en medio del lago, mientras navegaban en medio de la noche. Y Jesús parecía temerario colgando medio desnudo en la cruz.

Pero los resultados hablan por sí mismos, ¿no crees?

Noé se mantuvo a flote durante la inundación. Sara dio a luz a Isaac. Moisés libró a Israel de Egipto. Los muros de Jericó se derrumbaron. David derrotó a Goliat. Los magos encontraron al Mesías. Pedro caminó sobre el agua. Y Jesús resucitó de entre los muertos.

Si no estás dispuesto a parecer tonto, eres un tonto. Y es por eso por lo que tantas personas nunca han construido un arca, ni han matado a un gigante o no han caminado sobre el agua.

Llega un momento en que dejamos de proteger nuestras inversiones. Dejamos de jugar a lo seguro. Dejamos de hacer lo que siempre hemos hecho. ¡Necesitamos construir el arca, o al menos plantar algunos árboles o aserrar algunas tablas!

Fe es actuar *como si* Dios ya hubiera respondido. Y actuar *como si* Dios ya hubiera respondido significa actuar sobre la base de nuestras oraciones, incluso si esto lleva 120 años.

SIGUE MARTILLANDO

Creo que no nos equivocamos al decir que Noé no tuvo mucho tiempo para dormir mientras estuvo en el arca. Tenía que alimentar, limpiar y cuidar a miles de animales durante todo el día. ¡Y debe de haber olido a rayos! ¿Sabía usted que los elefantes africanos producen 37 kilos de desechos por día?, esto es nauseabundo y todo un embrollo. La obediencia es un trabajo duro y difícil.

Las bendiciones de Dios complicarán tu vida, pero a diferencia del pecado, complicarán tu vida de la manera en que debería ser complicada. Casarme con Lora me complicó la vida. Alabado sea el Señor. Tenemos tres complicaciones llamadas Parker, Summer y Josiah. No puedo imaginarme mi vida sin esas complicaciones. ¡Y la *National Community Church* es mucho más complicada ahora de lo que era cuando solo teníamos diecinueve personas!

No importa la visión que Dios te haya dado. Te puedo asegurar que *tomará más tiempo* y *será más difícil* de lo que te imaginaste. Si una década parece mucho tiempo para perseguir pacientemente una pasión ordenada por Dios, ¡intenta doce décadas! ¡Es asombroso lo que Dios puede hacer si sigues martillando durante 120 años!

Admiro a los planificadores: gente que puede ver el futuro y proyectar una visión.

Admiro aún más a los perezosos: ¡aquellos que ponen un pie delante del otro, un día a la vez!

Hacer todo lo posible por Dios no es solo llegar a donde Dios quiere que llegues. Se trata de la persona que llegarás a ser en el proceso. Tampoco se trata de cuán rápido puedas llegar allí. Se trata de cuán lejos llegarás.

Dar el máximo es cubrir la distancia.

Es cruzar la línea de meta como lo hizo el apóstol:

> *He peleado la buena batalla, he terminado la carrera, me he mantenido en la fe.*[5]

CAPÍTULO 11

TOMA LA VARA PARA ARREAR

El sucesor de Aod fue Samgar hijo de Anat, quien derrotó a seiscientos filisteos con una vara para arrear bueyes. También él liberó a Israel.

JUECES 3.31

Una frase.

El sucesor de Aod fue Samgar hijo de Anat, quien derrotó a seiscientos filisteos con una vara para arrear bueyes.[1]

Eso es todo lo que las Escrituras dicen de Samgar, pero esta frase me dice todo lo que necesito saber sobre él. Una decisión audaz y un instrumento de granja dan como resultado la liberación para toda la nación de Israel.

Israel se encontraba en un estado de anarquía espiritual y tiranía política. Pero hubo un hombre que se negó a ser gobernado por la injusticia. Decidió desbaratar el *statu quo*, y lo hizo con una vara para arrear bueyes.

Junto con David, Samgar tendría que clasificarse como uno de los héroes más improbables de la historia. Y al igual que el pastor convertido en rey, este granjero convertido en guerrero transformó una herramienta de su oficio en un arma de guerra.

Samgar no tenía ejército, ni alianza, ni artillería. Todo lo que tenía era una vara larga que se usaba para arrear a los bueyes. Pero no dejó que aquello que no podía hacer le impidiera hacer lo que podía. Después de todo, Dios más uno es igual a mayoría. Y si Dios es por ti, ¿quién puede estar contra ti?[2] Así que Samgar agarró su vara para arrear y atacó a los ejércitos enemigos. Parecía un acto tan temerario como cuando David salió a enfrentar a Goliat con una honda. El enemigo se rio de su improvisado armamento hasta que Samgar comenzó a blandirlo. Entonces, la mirada en sus ojos reveló el miedo en sus corazones.

El valor no espera hasta que los factores situacionales se vuelvan a favor de uno. No espera hasta que un plan esté perfectamente formado. No espera hasta que cambie el rumbo de la opinión popular. El valor solo espera una cosa: la luz verde de Dios.

UNA LOCURA

Al igual que Samgar, Cori Wittman creció en una granja. Después de la universidad, se mudó a Washington, D.C. y comenzó a trabajar en Capitol Hill. Se involucró en nuestra iglesia y participó en nuestro primer viaje misionero a Tailandia para trabajar con *The Well*, un ministerio que rescata a las mujeres atrapadas en la industria del sexo. Durante ese viaje, Cori hizo una oración bastante peligrosa: *Señor, rompe mi corazón por las cosas que rompen tu corazón.* Una conversación con una jovencita campesina tailandesa que terminó en el distrito rojo de Bangkok debido a circunstancias fuera de su control hizo precisamente eso. Cori decidió dejar su trabajo y mudarse a Tailandia como misionera de tiempo completo. Comenzó a trabajar durante el turno de noche en el distrito rojo de Bangkok, ministrando a mujeres atrapadas en la red del comercio sexual. Ahora está tratando de detener el problema antes de que comience con un programa piloto para adolescentes en zonas rurales de Tailandia. Esta veinteañera está asesorando y ejerciendo de mamá de siete muchachitas adolescentes.

Tailandia es una cultura sin confrontación, lo que hace que el cambio sea un gran desafío. Pero Cori está desafiando con gracia esa situación. Con su vara para arrear está luchando contra la corrupción gubernamental, la solicitud de sexo y el analfabetismo.

De eso se trata hacer algo por Cristo. Esto es atacar los problemas con la *vara para arrear* que Dios te haya dado. Es más que solo tener un corazón para Cristo. Es ser sus manos y sus pies.

AQUÍ ESTOY

En el reino de Dios, el llamado siempre triunfa sobre las credenciales. Dios no llama a las personas calificadas. Él califica a los que llama. La prueba de fuego no es experiencia o pericia. Es disponibilidad y disposición para aprender. Si tú estás dispuesto a ir cuando Dios te pone la luz verde, Él te llevará a lugares inaccesibles para hacer cosas imposibles.

> *Entonces oí la voz del Señor que decía: —¿A quién enviaré? ¿Y quién irá por nosotros?*
>
> *Y respondí: —Aquí estoy. Envíame a mí!*[β]

Abraham. Jacob. José. Moisés. Samuel. David. Isaías. Todos ellos tienen una cosa en común.

Todos dijeron: «Aquí estoy».

El trabajo de Dios es llevarnos a donde Él quiere que vayamos. Nuestro trabajo es estar disponibles en cualquier momento, en cualquier lugar. Como un médico de guardia o un oficial de policía de servicio o un bombero de turno, es nuestra disposición a responder lo que Dios está buscando. A veces es un simple indicio para salir de nuestro camino para expresar nuestro aprecio a un vecino. A veces es un llamado a ir a otros lugares del mundo. Pero siempre comienza con la pequeña oración de disponibilidad de dos palabras: *Aquí estoy*.

Eso es lo que Samuel dijo cuando escuchó la suave voz del Espíritu Santo.

Eso es lo que dijo Moisés ante la zarza ardiente.

Eso es lo que dijo Caleb cuando finalmente puso el pie en la Tierra Prometida.

Eso es lo que dijo Isaías cuando murió el rey Uzías.

¿Estás dispuesto a hacer algo un poco loco?

Quizás Samgar era la persona menos calificada para liberar a Israel. Para empezar, es probable que ni siquiera fuera israelita. Su nombre es de origen hurriano. Pudo haber justificado la inacción de una docena de formas diferentes. *No tengo armas. No puedo hacerlo solo. Estos ni siquiera son mi gente.* Si buscamos una excusa, siempre la encontraremos. Si no la buscamos, no la encontraremos. Cuando se trata de buscar justificaciones somos infinitamente creativos. ¿Qué pasaría si canalizamos esa creatividad para encontrar soluciones en lugar de encontrar excusas?

Cuando Dios agita nuestro espíritu o rompe nuestro corazón no podemos sentarnos. Tenemos que dar un paso adelante y atacar. Tenemos que ir, dejándolo todo. Pero si tenemos el valor de tomar la decisión o asumir el riesgo, esa decisión se convertirá en el momento de definición de nuestras vidas.

REDEFINIR EL ÉXITO

¡Tú nunca sabrás qué relación, habilidad, experiencia o atributo usará Dios para lograr sus propósitos eternos! Él usó un concurso de belleza para posicionar estratégicamente a Ester como reina de Persia y detener el genocidio de los judíos. Utilizó la diligencia de Nehemías como copero para posicionarse para un favor real que se aprovecharía en la reconstrucción de las murallas de Jerusalén. Usó las cualidades musicales de David para abrir la puerta del palacio y tener acceso al rey de Israel. Usó el encarcelamiento de José y su capacidad de interpretar los sueños para salvar a dos naciones del hambre. Y usó el celo de un asesino en masa llamado Saulo para difundir el evangelio a través de tres viajes misioneros, mientras escribía la mitad del Nuevo Testamento en el proceso.

Haz lo mejor que puedas con lo que tienes donde estás.

No importa si eres periodista, maestro, empresario, artista, político o abogado. Lo que importa es que estás usando su vara para arrear para los propósitos de Dios. No te ganes la vida. ¡Haz una vida! ¡Haz una marca! ¡Haz la diferencia!

SUFICIENTE ES SUFICIENTE

Creo que Sagmar tomó la decisión de que, si caía, caería luchando. Y esa es la clave para la liberación, ya sea de los filisteos, del orgullo, del prejuicio o de la pornografía.

Tienes que pasar a la ofensiva.

Tienes que decidirte a pelear.

Tienes que planear una invasión tipo el Día-D.

Llega un momento en que *suficiente es suficiente.* Cuando aceptemos que no podemos continuar por el camino en el que nos encontramos porque es un callejón sin salida relacional, física o espiritualmente. Puede que no nos mate, pero si seguimos por allí, nos va a comer vivos. Nosotros sabemos que ya no podemos seguir haciendo lo que siempre hemos hecho.

La buena noticia es esta: estás a una decisión que te separa de una vida totalmente diferente. Un riesgo puede revolucionar tu vida. Un cambio puede cambiarlo todo. Si comienzas de a poco y te mantienes perseverando, todo es posible. Un cambio del uno por ciento al que se le da el tiempo suficiente puede marcar una diferencia del noventa y nueve por ciento en tu vida. Tienes que agarrar tu vara para arrear y lanzarte a la lucha.

Cancela tu tarjeta de crédito.
Regístrate para la maratón.
Aplica para un programa de posgrado.
Forma parte de un viaje misionero.
Programa una cita de consejería.
Deja de sobreprotegerte.

LOS LLANOS DE LA INDECISIÓN

Usando el seudónimo de William A. Lawrence, George W. Cecil dijo: «En los llanos de la indecisión blanquean los huesos de innumerables millones de personas que, en el amanecer de la victoria, se sentaron a esperar y, esperando, ¡murieron!».[4]

Soy tanto procrastinador como perfeccionista. Además, soy un generador de posibilidades. Esa combinación de rasgos de personalidad significa que he tenido que disciplinarme para tomar decisiones y establecer plazos. He llegado a un acuerdo con el hecho de que la indecisión *es* una decisión. Los sueños sin plazos están muertos en el agua. Los plazos son vitales para lograr nuestros objetivos.

Cuando se trata de perseguir nuestros objetivos, el mayor adversario es la inercia. A menos que nos comprometamos con un nuevo curso de acción, mantendremos nuestros ritmos y rutinas regulares. Eso también se conoce como *tendencia al statu quo.*

Las buenas intenciones no son lo suficientemente buenas. Necesitas hacer una decisión o dar el paso. Fijar la fecha límite o concretar la cita. Si no lo haces, tus huesos probablemente se blanquearán en los llanos de la indecisión.

Si Samgar se hubiera enfocado en el hecho de que iba a enfrentarse a seiscientos filisteos, apuesto a que se habría rendido antes incluso de que el enfrentamiento empezara. A menudo, el enemigo trata de desanimarnos abrumándonos. Necesitamos contratacar dividiendo nuestras metas en pasos más pequeños. Yo no sé si podrás podrá superar el alcoholismo o la anorexia por el resto de tu vida, pero creo que puedes ganar la batalla *hoy.*

No te preocupes por la próxima semana o el próximo año. Vive un día a la vez. ¿Puedes resistir la tentación durante veinticuatro horas? ¿Puedes ganar la batalla de un solo día? Sé que puedes. Tú también lo sabes. Y también lo sabe el enemigo.

¡Recuerda: un día a la vez!

UN PASO A LA VEZ

Hace unos años, subí al *Half Dome* en el Parque Nacional Yosemite. Recuerdo haber mirado la cima y pensado: ¿Cómo voy a llegar *allá arriba?* La respuesta fue realmente muy simple: *un paso a la vez.*

La parte más difícil de la caminata no fue física, fue mental. La última etapa fue una ladera de sesenta grados, tan pronunciada que para alguien que le tiene miedo a las alturas la vería como de noventa gados. Yo le tengo miedo a las alturas. Cuando finalmente llegué a la cima, me senté en una gran roca y noté que alguien había grabado algo en ella. Había escrito: *Si puedes hacer esto, puedes hacer cualquier cosa.*

Algo dentro de mí hizo clic porque sabía que aquello era verdad.

Decidí intentar de nuevo algo que no había logrado en cinco años de intentos anteriores. Estaba por los 102 kilos, lo cual no es un peso tan terrible en una persona de 1 metro con 90 centímetros. Pero sabía que me sentiría mejor y viviría más si lograba inclinar la balanza a menos de 90 kilos. Tomé la decisión definitiva de hacerlo, y luego me propuse hacer ejercicios diariamente y comer menos. En dos meses bajé algo más de 11 kilos. También bajé mi colesterol a menos de 200 mg/dl. Y me sentí cinco años más joven.

Gastamos demasiada energía concentrándonos en lo que no podemos controlar: el resultado. ¿Qué pasa si vuelvo a caer en mi mal hábito? ¿Qué pasa si mis esfuerzos románticos no son recíprocos? ¿Qué pasa si no alcanzo mi peso objetivo o no obtengo el trabajo de mis sueños?

No te preocupes por los resultados. Enfócate en hacer lo correcto por la razón correcta. ¡Y no compres la mentira de que no se puede hacer! Tomará un esfuerzo total, pero puedes hacer todas las cosas a través de Cristo, quien te da fuerza.

Un intento fallido no es fallar.

Fallar es no intentarlo.

Si lo estás intentando, lo estás logrando.

De eso se trata todo.

Estás dando todo lo que tienes.

Es estar dispuesto a todo.

PARTE 4

NO LO MÍO

CAPÍTULO 12

SDG

Johann Sebastian Bach fue a la música clásica lo que William Shakespeare fue a la literatura inglesa y Sir Isaac Newton fue a la física. Su obra incluye 256 cantatas. Mi favorita es *Jesús, alegría de los hombres*. Casi cuatro siglos después de haberse compuesto, sigue siendo de las más utilizadas en una de las ocasiones más importantes de la vida: la entrada de la novia en una ceremonia de boda.

La razón por la que *Tocata y Fuga en Re menor* o la *Misa en Si menor* llegan al alma es que provienen del alma. Las cantatas de Bach no se originaron como música. Fueron oraciones antes de ser cantos. Antes de comenzar a componer una partitura, Bach escribía en la parte superior de la partitura *J.J. —Jesu, Juva*. Era su más íntima oración: *Jesús, ayúdame*.

Luego, al final de cada composición, Bach escribía tres letras en el margen de su música: SDG. Esas tres letras representaban la frase latina *Soli Deo Gloria*, *Solo para la gloria de Dios*. *Soli Deo Gloria* fue uno de los gritos de guerra de la Reforma Protestante, pero Bach lo personalizó. Su vida fue una traducción única de ese motivo singular. Como la tuya lo es. Nadie puede glorificar a Dios como *tú o por ti*. Tu vida es una partitura original.

Imagina si los cineastas, los políticos y los empresarios siguieran su ejemplo. ¡Qué clase de impacto cultural tendríamos si nuestros guiones y proyectos de ley y planes de negocios se originaran como oraciones! Imagina que los estudiantes escribieran

SDG en sus ensayos académicos, los mecánicos grabaran SDG en silenciadores y motores y los médicos incluyeran SDG en sus recetas.

No se trata *de lo que haces.*

Se trata de *por qué haces* lo que haces.

En última instancia, se trata de *para quién lo haces.*

En el reino de Dios, lo que más importa son nuestras motivaciones. Si haces lo correcto por la razón equivocada, ni siquiera cuenta. Dios juzga los motivos del corazón, y solo recompensa a aquellos que hacen lo correcto por la razón correcta.

SDG es vivir para una audiencia de uno. Es hacer lo correcto por la razón correcta. Es vivir para el aplauso de manos con cicatrices de clavos.

Solo Jesús.

Nada más, nada menos. Y nada más que decir.

LA FINALIDAD PRINCIPAL DEL HOMBRE

Vale la pena memorizar el primer dogma del Catecismo Menor de Westminster. Es el denominador menos común cuando se trata de vivir una vida orientada a un propósito.

El fin principal del hombre es glorificar a Dios y disfrutarlo a Él para siempre.

Existimos por una razón y solo por una razón: *para glorificar a Dios y para disfrutarlo para siempre.* No se trata de ti en absoluto. Se trata de Él.

Soli Deo Gloria es la Piedra Rosetta que hace que la vida tenga sentido. No se trata de éxito y fracaso. No se trata de días buenos y días malos. No se trata de riqueza o pobreza. No se trata de salud o enfermedad. Ni siquiera se trata de vida o muerte. Se trata de glorificar a Dios en cualquier circunstancia en la que te encuentres.

De cualquier modo. Donde sea. Como sea.

Cuando sea. Donde quiera. Lo que sea.

No hay circunstancia en la que no se pueda glorificar a Dios.

LO QUE SEA

La expresión *lo que sea* no es mi favorita como padre, pero creo que la puedo soportar. Es una de mis oraciones de solo tres palabras a Dios. Cuando se usa de manera sumisa, la expresión *lo que sea* es una declaración de rendición absoluta.

Piensa en Getsemaní, el jardín donde Jesús mismo luchó con la voluntad de Dios. Le dijo a su Padre: «Padre… no me hagas beber este trago amargo». Era una referencia a la copa de ira. Jesús sabía que tendría que beberlo hasta el poso, pero antes de que lo hiciera, le preguntó al Padre si había alguna forma de no beberlo. Pero luego limitó su petición con una máxima en oración: «Pero no se cumpla mi voluntad, sino la tuya».[1]

Esto fue su *lo que sea* en oración.

En las Escrituras hay dos versículos tipo *lo que sea*. Ambos comienzan con la misma frase altamente inclusiva: lo que sea que hagan.

> *Hagan lo que hagan, trabajen de buena gana, como para el Señor y no como para nadie en este mundo.*[2]

En definitiva, espero que ames lo que haces y que hagas lo que amas. Busca un trabajo que te gustaría hacer, incluso si no te pagaran por hacerlo. Aunque esta no debe ser siempre la realidad en cada etapa de la vida. A veces necesitas hacer un trabajo que no te gusta, pero aun así puedes glorificar a Dios haciendo un buen trabajo en un mal trabajo. ¡Pero al menos tienes un trabajo!

Cualquiera puede hacer un buen trabajo en un buen trabajo, pero hay algo que glorifica a Dios al hacer un buen trabajo en un mal trabajo. Cualquiera puede ser amable con un buen jefe, pero hay algo que glorifica a Dios cuando amas como Jesús en un entorno de trabajo sin Dios.

MILAGROS MUNDANOS

Aquí está el otro versículo *lo que sea.*

> *Ya sea que coman o beban o hagan cualquier otra cosa, háganlo todo para la gloria de Dios.*[3]

¿Cómo come usted y bebe para la gloria de Dios?

Pablo está utilizando los rituales diarios de comer y beber para hacer un punto que abarque todo: *incluso las actividades* más mundanas *son absolutamente milagrosas.* Respiramos aproximadamente veinte tres mil veces cada día. ¿Te acuerdas cuándo fue la última vez que diste gracias a Dios por lo menos por una respiración? Nuestra tendencia es agradecer a Dios por las cosas que nos quitan el aliento. Y eso está bien. ¡Pero por qué no agradecerle también por los otros alientos!

SDG es el *por qué* detrás de cada *qué.* Es el *por qué* detrás de cada *lo que sea.* Nuestras oraciones tienden a enfocarse en circunstancias externas más que en actitudes internas porque preferiríamos que Dios cambie nuestras circunstancias en lugar de cambiarnos a nosotros. Es mucho más fácil de esa manera. Pero con esa actitud perdemos el punto por completo. Es en la peor de las circunstancias donde a menudo surge lo mejor de nosotros.

Tú puedes ser salvo sin sufrimiento, pero no puedes ser santificado sin sufrimiento. Eso no significa que tengas que buscar el sufrimiento, pero sí significa que lo veas por lo que es. Es una oportunidad para glorificar a Dios.

DAR Y QUITAR

Nadie en la historia de la humanidad ha sufrido más pérdidas en menos tiempo que Job. En cuestión de momentos, perdió todo: su familia, su salud y su riqueza. Soportó un dolor increíble, una pérdida inimaginable. Pero cuando su mundo se desmorona, Job cae al suelo en adoración.

> *«Desnudo salí del vientre de mi madre, y desnudo he de partir. El Señor ha dado; el Señor ha quitado. ¡Bendito sea el nombre del Señor!».*[4]

Nuestros amigos Jason y Shelly Yost comenzaron una maravillosa organización llamada *New Rhythm* que aboga por la adopción. Después de pasar por el proceso legal de rigor, adoptaron a una preciosa niña a la que llamaron Mariah. Pero unos pocos días después ya con la niña en casa, la madre biológica se las quitó.

Me encontré con Jason y Shelly en un retiro donde yo tenía que hablar. Jason estaba dirigiendo la adoración. De tal modo me derribó la primera canción que escogió para alabanza: «Bendito sea tu nombre». La letra está inspirada en la historia de Job. De hecho, el coro reafirma este mismo versículo: *El Señor ha dado, el Señor ha quitado.* Tengo ciertos versículos que llamo *posiciones de reserva*. Cuando todo lo demás falla, recurro a las cosas que sé que son ciertas. Este es uno de esos versículos. La prerrogativa de Dios es dar y también es quitar. Pero hay una cosa que nunca se te podrá quitar, y esa es Jesucristo. Y si tienes a Jesús, entonces tienes todo lo que siempre necesitarás por toda la eternidad.

Todo – Jesús = Nada

Jesús + Nada = Todo

Pareciera arriesgado, pero es simple.

CAPÍTULO 13

DEJA CAER TU VARA

—¿Qué tienes en la mano? —preguntó el SEÑOR.
—Una vara —respondió Moisés.
—Déjala caer al suelo —ordenó el SEÑOR. Moisés la dejó caer al suelo, y la vara se convirtió en una serpiente.

ÉXODO 4.2-3

Hace cerca de cien años, la Iglesia Filadelfia en Estocolmo, Suecia, envió dos parejas de misioneros al Congo. David y Svea Flood junto con Joel y Bertha Erickson se abrieron paso a través de la jungla para establecer una avanzada misionera.[1] En el primer año de trabajo, no hubo ni un solo convertido. Eso no impidió que Svea compartiera el amor de Jesús con un niño de cinco años que todos los días llegaba hasta su casa y por la puerta trasera les entregaba huevos frescos.

Poco después de haber llegado, Svea quedó embarazada. Debido a la malaria, debió permanecer en cama durante gran parte del embarazo. El 13 de abril de 1923 dio a luz a una niña, Aina, pero diecisiete días después, Svea falleció. David hizo un ataúd y enterró a su esposa en la ladera de la montaña que dominaba el pueblo. Svea tenía veintisiete años. La pena, seguida de amargura, inundó su corazón. Dio a su hija Aina a los Erickson y regresó a Suecia. Pasó las siguientes cinco décadas de su vida tratando de ahogar su dolor con la bebida. Prometió a sus amigos que, delante de ellos, no volvería a pronunciar el nombre de Dios.

Los Erickson se hicieron cargo de Aina, pero siendo la niña aún pequeña, Joel y Bertha murieron con tres días de diferencia, envenenados por los aldeanos. Entonces, Aina fue entregada a una pareja misionera estadounidense, Arthur y Anna Berg, ellos le cambiaron el nombre a Aggie. Cuando los Berg regresaron a los Estados Unidos asumieron un pastorado en una iglesia en Dakota del Sur.

Después de haber cursado la secundaria, Aggie ingresó al North Central Bible College en Minneapolis, Minnesota. Allí conoció a Dewey Hurst, un compañero de estudios. Se enamoraron, se casaron, formaron una familia y fueron pastores en varias iglesias. Hurst, ya en posesión de un doctorado, se convirtió en presidente del Northwest Bible College. En su vigésimo quinto aniversario de bodas, el College les regaló un viaje a Suecia. Lo único que Aggie quería era encontrar a su padre biológico. Durante cinco días buscaron por todo Estocolmo sin resultado. El último día antes de su regreso a los Estados Unidos, alguien les dio un dato que los condujo al tercer piso de un edificio de apartamentos en ruinas. Allí encontraron a David, el padre de Aggie. Estaba en su lecho de muerte con un hígado acabado.

Las últimas palabras que David Flood esperaba escuchar se las dijo su hija: «¡Papá! ¡Soy Aina!». Y las primeras que salieron de su boca estaban llenas de remordimientos: «¡Nunca quise regalarte!». Cuando se abrazaron, una maldición de cincuenta años de amargura saltó en pedazos.

La historia sigue. Este es el final.

Cinco años después, Dewey y Aggie Hurst asistieron a la Conferencia Mundial Pentecostal en Londres, Inglaterra. Uno de los oradores en la noche de apertura fue Ruhigita Ndagora, superintendente de la Iglesia Pentecostal de Zaire.[2] Lo que llamó la atención de Aggie fue el hecho de que Ruhigita era de la misma región donde sus padres habían sido misioneros medio siglo antes. Después del mensaje, Aggie habló con él con la ayuda de un intérprete. Le preguntó si conocía el pueblo donde ella había nacido. Ruhigita le dijo que ese era el pueblo donde había crecido. Le preguntó si había conocido a los misioneros Flood. Y Ruhigita le dijo que cuando era pequeño, iba todos los días a casa de los Flood con una canasta de huevos y que la misionera Svea los recibía por la puerta trasera y le hablaba de Jesús. «No sé si ella logró la conversión de otra persona en África, además de mí», le dijo. Y añadió: «Poco después de que acepté a Cristo, la señora Svea falleció y su esposo se fue. Ellos tenían una hijita llamada Aina. Siempre me he preguntado qué pasó con ella».

Cuando Aggie le dijo que ella era Aina, Ruhigita Ndagora se echó a llorar. Se abrazaron como hermanos separados desde su nacimiento. Entonces Ruhigita le dijo: «Hace solo unos meses, llevé flores a la tumba de su madre. Lo hice en nombre de los cientos de iglesias y cientos de miles de creyentes en Zaire, gracias a Dios por dejar que ella muriera para que muchos de nosotros pudiéramos vivir».

A veces, darse por entero pareciera como si todo fuera en vano.

Así debió sentirse el sábado entre el viernes de crucifixión y el domingo de Resurrección. La mayor victoria espiritual se ganó poco después de la derrota aparentemente mayor. Todo estaba perdido, pero no por mucho tiempo. Tres días después de su crucifixión, Jesús salió de su tumba bajo su propio poder.

En el reino de Dios, el fracaso nunca es definitivo. ¡No si crees en la resurrección! No ganarás todas las batallas espirituales, pero la guerra ya se ha ganado de manera decisiva. La victoria fue sellada hace dos mil años cuando Jesús rompió el sello de su tumba. Fue el golpe mortal a la muerte misma. Y nosotros somos más que vencedores por lo que Cristo logró.

Si tú das el todo por el todo por la causa de Cristo, habrá contratiempos en el camino. Pero recuerda esto: ¡sin crucifixión no puede haber resurrección! Y cuando tengas un contratiempo, no des un paso atrás, porque Dios ya está preparando su retorno.

Nunca se sabe qué semilla será. ¡Pero si tú plantas y riegas, las Escrituras garantizan que Dios mismo dará el crecimiento!

Nunca subestimes el efecto dominó de un acto de obediencia.

Nunca será todo por nada.

EL SANTO PATRONO DE LAS SEGUNDAS OPORTUNIDADES

Durante cuarenta años, Moisés sintió que no había logrado cumplir su sueño ordenado por Dios de liberar a los israelitas de la esclavitud. El príncipe de Egipto tenía todo el potencial del mundo a los cuarenta, pero se sentía como una causa perdida a los ochenta. Perdió todo cuando perdió la paciencia. Era un criminal y un fugitivo. En lugar de hacer la voluntad de Dios a la manera de Dios, tomó el asunto en sus propias manos y mató a un capataz egipcio. Y al tratar de acelerar la voluntad de Dios, ¡la retrasó durante cuatro décadas!

En algún momento de nuestras vidas, la mayoría de nosotros sentimos que la vida se nos ha ido por entre los dedos. Esa crisis nos presenta una de dos opciones: o tiramos la toalla o seguimos peleando. Hay muchos que renuncian a sus sueños porque sienten que Dios los ha abandonado; sienten como si fuera demasiado poco o demasiado tarde. Pero la maravilla eterna sirve como un recordatorio atemporal de que nunca es demasiado tarde para ser quien podrías haber sido. Moisés es el santo patrono de las segundas oportunidades. Y de las terceras. Y de las décimas. Y de las centésimas.

Dios puso a Moisés a pastorear durante cuarenta años. Pero lo que parecía una cadena perpetua en realidad era una libertad condicional con un propósito. Porque por cuarenta años lo había puesto en el palacio de Faraón (hoy sería algo así como el Palacio de Buckingham en Inglaterra), y ahora tenía que pasar el desierto (hoy cualquier situación de calle o sin lugar alguno para descansar).

La ironía de la historia del éxodo es que Moisés pensó que no estaba calificado, pero Dios estaba aprovechando cada experiencia pasada para prepararlo providencialmente para su cita con el destino. Nadie conocía el protocolo del palacio como el príncipe de Egipto. Después de todo, él creció allí. Y después de atender a las ovejas durante cuarenta años, conoció los caminos de la crueldad: la vida silvestre, los pozos de agua, los patrones climáticos.

¿Se te ocurre una manera mejor de preparar a Moisés para guiar a las ovejas de Israel a través del desierto durante cuarenta años?

Jugarse al todo o nada por Dios no es algo que se haga de buenas a primeras. Probablemente en intentos anteriores te habrá producido algunos fallos antes de hacerlo bien. Comoquiera que sea, algún día celebrarás tanto los fracasos como los éxitos. El éxito sin ningún error es como una planta sin raíces o un edificio sin basamento. El fracaso es la subestructura que soporta la superestructura del éxito.

La *National Community Church* ha sido bendecida más allá de mis sueños más descabellados. Pero lo que mantiene todo en perspectiva es nuestra fallida plantación de iglesia en Chicago que es anterior a nuestro traslado a D.C. No me gustaría volver a pasar por eso, pero no lo cambiaría por nada en el mundo. Ese fracaso sentó las bases de mi humilde dependencia de Dios. Antes de que Dios hiciera crecer la iglesia, necesitaba hacerme crecer a mí. Pero en medio de todo, Dios nos estaba guiando en una procesión triunfal. Sin una iglesia fracasada en Chicago, nunca habríamos aterrizado en la capital de la nación. Y la crucifixión de nuestro sueño llevó finalmente a su resurrección.

PROCESIÓN TRIUNFAL

El apóstol Pablo escribe estas palabras en su carta a los Corintios:

> *Sin embargo, gracias a Dios que en Cristo siempre nos lleva triunfantes y, por medio de nosotros, esparce por todas partes la fragancia de su conocimiento.*[3]

La promesa en 2 Corintios 2.14 es una alusión a una tradición romana. Después de obtener una gran victoria, el ejército romano marchaba por las calles de Roma llevando a los cautivos en su séquito.[4] La procesión triunfal comenzaba en Campus Martius y avanzaba a través de Circo Maximus y alrededor de Palatine Hill. Inmediatamente después del Arco de Constantino, la procesión marchaba a lo largo de la Vía Sacra hasta el Foro Romano y la Colina del Capitolio.

Nuestra procesión triunfal comienza al pie de la cruz. Cristo es el Rey Conquistador, y nosotros somos los cautivos en su séquito, liberados del pecado y de la muerte. Pero ese es solo el primer paso de la fe. Estar dispuesto a todo es seguir los pasos de Jesús dondequiera que nos lleve, incluso por la Vía Dolorosa, el «Camino del dolor». Pero aun en el camino del sufrimiento, Dios nos está guiando en la procesión triunfal.

Durante cuatro siglos, los israelitas sufrieron como esclavos en la tierra de Egipto. Hasta que un día, Dios levantó un libertador llamado Moisés. Con diez señales milagrosas comenzó la salida de Egipto en procesión triunfal. Pero hasta que los israelitas llegaron al Mar Rojo, aquello parecía una marcha de la muerte. Y el Mar Rojo, literalmente, era un callejón sin salida. Sin embargo, Dios hizo un camino donde no había camino. Separó las aguas para que Israel pudiera pasar pisando tierra seca. Y lo que parecía una derrota segura se convirtió en su más notable victoria.

Si te fijas en la ruta que los israelitas recorrieron, parecería que los guiaba un ciego. ¡Lo que debería haber tardado once días, acabó tomando cuarenta años! Pero a pesar de todos los desvíos y demoras, seguía siendo una procesión triunfal. El camino a través del río Jordán fue su Vía Triunfal. Y de Jericó en adelante fueron de victoria en victoria.[5]

EL ELEMENTO SORPRESA

Moisés vivió en la parte trasera del desierto mirando las partes traseras de las ovejas durante cuatro décadas. Su vida estuvo definida por la monotonía hasta que Dios se le reveló. En un día que había comenzado como los 14.600 días anteriores, vio por el rabillo del ojo una zarza que ardía pero que no se consumía. De pronto, oyó una voz que provenía de entre la zarza y lo llamaba por su nombre.

La zarza ardiente revela el lado lúdico de la personalidad de Dios. Mejor esperas lo inesperado porque Dios es predeciblemente impredecible. Pero esto se lleva las palmas ¿no lo crees? Un arbusto que habla es tan absurdo como un burro que habla. ¡Ah, cierto! ¡Dios también hizo hablar a un burro!

No puedes leer los Evangelios sin darte cuenta de que esta parte de la personalidad del Padre está personificada en Jesús. Jesús caminó sobre el agua, convirtió el agua en vino y sanó una mano arrugada en un día de reposo. Esos ciertamente son milagros de primer orden, pero también tienen una naturaleza lúdica. No creo que sea un sacrilegio llamarlos bromas sagradas con un propósito providencial.

Y eso nos trae de vuelta a la zarza ardiente.

¿Por qué Dios se reveló de esa manera?

Por la misma razón por la que los ángeles anunciaron el nacimiento del Mesías a los pastores del turno nocturno en lugar de a los eruditos religiosos. Y por la misma razón por la que el Mesías nació de una pareja de campesinos que era todo lo contrario a una familia sacerdotal en la ciudad santa.

¡Dios ama el elemento sorpresa!

SUELO SAGRADO

Los eruditos judíos solían debatir por qué Dios se reveló a Moisés en medio de la nada, una zarza ardiente en la parte trasera del desierto. ¿Por qué no un lugar altamente poblado o religiosamente significativo? ¿Por qué Dios habría querido hacer algo tan poco ortodoxo? El consenso fue que Dios quería demostrar «que ningún lugar en la tierra, ni siquiera una zarza, está desprovista de su presencia».[6]

Dios está dondequiera para quien lo busque.

Dios está donde tú quieras que esté.

Dios está donde está.

La palabra teológica es *inmanencia*. Y es el complemento de *trascendencia*.

Él es Dios Altísimo.

Él es también el Dios más cercano.

Una de las bendiciones que pronunciamos al final de nuestros servicios capta este nombre y este concepto: *Cuando salgas de este lugar, no saldrás de la presencia de Dios. La llevarás contigo a dondequiera que vayas.*

Tú estás parado en tierra santa.

La tierra santa no es la Tierra Prometida. Está aquí. Ahora. Cada lugar donde pongas tu pie es la Tierra Prometida.

Cuando estás dispuesto a todo por Dios, nunca sabrás cómo, cuándo o dónde Él se va a revelar. Pero puedes vivir en santa anticipación, sabiendo que Dios puede invadir la realidad de tu vida en cualquier momento y cambiar todo para la eternidad. Y cuando lo hagas, necesitarás ponerle una marca a ese momento.

¿QUIÉN SOY YO?

Cuando Dios reveló su plan a Moisés, él objetó al Todopoderoso. Le recitó una letanía de excusas que iban desde su falta de credenciales hasta su problema de tartamudez. Resumió todas sus inseguridades cuando afirmó: «¿Quién soy yo?».[7] Pero esa es una pregunta incorrecta. ¡No se trata de *quién eres tú* sino *de quién eres tú*! Y me encanta la respuesta del Todopoderoso: «YO SOY EL QUE SOY».[8] Dios responde a tus preguntas revelando su nombre. Y también ofrece esta tranquilidad: «YO estaré contigo».[9]

Eso es todo lo que necesitamos saber ¿no te parece?

Si Dios es por nosotros ¿quién contra nosotros?

Dios más uno es igual a una súper mayoría.

Su nombre es la solución a cada problema.

Su nombre es la respuesta a cada pregunta.

Su nombre calma cualquier miedo, sella cada oración y gana cada batalla.

Ante su nombre, los ángeles se inclinan y los demonios tiemblan.

Ante su nombre, nuestro pecado es justificado y nuestra autoridad es validada.

¡No se trata de quién eres tú!

Dios ha elegido a gente común para cumplir sus propósitos. A Él le agrada formar equipo con sus hijos. Por eso es por lo que nos invita a participar en sus planes y propósitos. Pero tenemos que tirar nuestra vara al suelo para entrar en el juego.

DÉJALO IR Y DÉJASELO A DIOS

Entonces el Señor le preguntó a Moisés:

«¿Qué *tienes en la mano?*»

«*Una vara*», *respondió Moisés.*

«*Déjala caer al suelo*» *ordenó el Señor. Moisés la dejó caer al suelo, y la vara se convirtió en una serpiente.*[10]

Dejar caer tu vara es dejarla ir y dejar todo a Dios. Y eso es contrario a la intuición para aquellos de nosotros que somos fanáticos del control.

De manera instintiva, yo aprieto el palo de golf más fuerte que lo normal cuando quiero que la pelota llegue un poco más lejos; sin embargo, consigo el efecto contrario. Porque la clave para lograr un tiro más largo es aflojar un poco el agarre.

Y así es con todo.

Como pastor de ovejas, la vara era para Moisés su identidad y su seguridad. La vara era un recurso que le ayudaba a ganarse la vida. También era la manera con la que se protegía él y a su rebaño. De modo que cuando Dios le dijo que se desprendiera de ella, le estaba diciendo que se olvidara de quién era y de lo que tenía.

Y Moisés lo hizo.

¿A qué estás aferrado? O tal vez debería preguntar: ¿De qué no estás dispuesto a desprenderte? Si no estás dispuesto a dejar ir lo que tienes, no tendrás control de aquello que pretendes tenerlo, porque en realidad eso te controla a ti. Y si no estás dispuesto a dejarla caer, tu vara por siempre será solo eso, una vara. Siempre será lo que es. Pero si tienes el valor de desprenderte de ella, se convertirá en el pararrayos del poder milagroso de Dios, no porque te hayas desprendido de ella, sino por el poder de Aquel que la transformará.

¿QUÉ TIENES EN LA MANO?

¿Qué *es eso que tienes en la mano?*

Esa es la pregunta que el Señor le hizo a Moisés.

Es la misma pregunta que Él nos hace a nosotros.

Puedes sentirte tentado a decir: *Solo una vara*. Puedes sentirte tentado a pensar *de todos modos, no veo que haya mucha diferencia*. Y no la verás mientras no te desprendas de lo que tienes. Pero si los dos peces que tienes en las manos los pones en las manos de Dios, Él podrá alimentar a cinco mil con ellos.[11]

En la economía de Dios: 5 + 2 no es igual a 7. Es igual a 5 000, R12. Los discípulos no pensaron que dos peces y cinco panes podrían hacer una gran diferencia, pero obviamente subestimaron al *Master Chef* original. Cuando terminó la cena, quedaron doce canastas llenas. Había más de lo que tenían cuando comenzaron.

Si el niño se hubiera aferrado a los dos peces y cinco panes, habrían seguido siendo dos peces y cinco panes, pero al ponerlos en manos de Jesús, ¡esos dos peces y cinco panes se convirtieron en la alimentación milagrosa de una multitud!

¿Qué tienes en tu mano?

Puedes aferrarte a lo que tienes y ver qué puedes hacer.

O puedes entregarlo y ver lo que Dios puede hacer.

Y cuando todo está dicho y hecho, lo que no compartes se pierde para siempre. Pero lo que pones en las manos de Dios se convierte en un recuerdo eterno.

Echa tu vara a tierra.

CAPÍTULO 14

ASUME UNA POSICIÓN

Sadrac, Mesac y Abednego le respondieron a Nabucodonosor: —¡No hace falta que nos defendamos ante Su Majestad! Si se nos arroja al horno en llamas, el Dios al que servimos puede librarnos del horno y de las manos de Su Majestad. Pero, aun si nuestro Dios no lo hace así, sepa usted que no honraremos a sus dioses ni adoraremos a su estatua.

DANIEL 3.16-18, ITÁLICAS AÑADIDAS

Alfred Nobel recibió 355 patentes a lo largo de su vida, pero la más famosa fue la nitroglicerina mezclada con arena absorbente y formada en barras llamadas dinamita. Su invento hizo posible la excavación de túneles, la construcción de presas y la construcción de canales. Se ahorró tiempo, dinero y vidas. Pero como cualquier invención, también tenía el poder de un mal uso y abuso. Cuando se pone en las manos equivocadas, la dinamita se convierte en un arma de destrucción masiva. Por tal motivo, Alfred Nobel dedicó el resto de su vida, y su muerte, a corregir ese error. Pocas cosas son tan cambiantes como una experiencia cercana a la muerte. Lo he experimentado personalmente, después de haber sobrevivido durante varios días con un respirador por una cirugía de emergencia para reparar la rotura de los intestinos. Y lo he vivido indirectamente con Matt, mi cuñado de veintinueve nueve años, quien se sometió a una cirugía a corazón abierto, seguida de una cirugía de emergencia dos semanas después.

La muerte es un espejo que nos da una idea de quiénes somos realmente.

La muerte es un espejo retrovisor que pone el pasado en perspectiva.

Cuanto más te acercas a la muerte, más claro y más lejos puedes ver. Nada recalibra las prioridades más rápido que un examen de detección de cáncer, un accidente automovilístico o una llamada telefónica de un capellán militar. Las cosas importantes se vuelven de suma importancia. Y las sin importancia se revelan como insignificantes. ¡Te das cuenta de que cada día lo de debes vivir como si fuera el primer día y el último día de tu vida! Tienes que hacer que cada día cuente.

En mi experiencia, las experiencias cercanas a la muerte se convierten en experiencias cercanas a la vida. En realidad, celebro dos cumpleaños cada año. Uno es mi cumpleaños biológico, el 5 de noviembre. El otro es el día en que debería haber muerto, el 23 de julio. El segundo es más significativo que el primero.

Estoy viviendo de tiempo prestado. ¡La verdad es que todos lo estamos!

Las experiencias cercanas a la muerte a menudo se convierten en los momentos que definen nuestra vida. Y no conozco una experiencia cercana a la muerte que sea más dramática que la de Sadrac, Mesac y Abednego.

SENTENCIA DE MUERTE

Aquello fue una sentencia de muerte.

Sadrac, Mesac y Abednego sabían que si se negaban a inclinarse ante la estatua de algo más que veintisiete metros de altura del rey Nabucodonosor, serían ejecutados. Pero estos tres expatriados judíos obviamente temían a Dios más de lo que temían a la muerte misma. Preferían morir quemados que deshonrar a Dios.

Era todo o nada.

Era ahora o nunca.

Era vida o muerte.

Para ser honesto, yo habría ideado una docena de racionalizaciones para justificar inclinarme ante la estatua: *Me estoy inclinando por fuera, pero no me estoy inclinando por dentro. Pediré perdón inmediatamente después de que me levante. He cruzado los dedos. Solo estoy quebrantando uno de los Diez Mandamientos. ¿De qué le voy a servir a Dios si estoy muerto?*

Cuando comprometemos nuestra integridad, no dejamos espacio para la intervención divina. Cuando buscamos la seguridad de nuestras vidas, estamos sacando a Dios de la ecuación. Cuando intentamos manipular una situación, perdemos el milagro.

Si Sadrac, Mesac y Abednego hubieran querido comprometer su integridad y se hubiesen inclinado ante la estatua, se habrían librado del horno de fuego, pero habría sido por Nabucodonosor, no por Dios. Y habría sido *de*, no *a través de*. Habrían perdido su testimonio al fallar la prueba. Y mientras salvaban sus vidas, habrían sacrificado su integridad.

Fue su integridad la que desencadenó el milagro.

Fue su integridad la que le permitió a Dios hacerse presente y actuar.

Fue su integridad la que constituyó su seguro contra incendios y su seguro de vida.

INTEGRIDAD ÉPICA

¿Inclinar o no inclinarse?

Esa es la cuestión.

Y aunque no puedo imaginarme a un empleador construyéndose una estatua de treinta metros para que sus empleados lo adoren, no me sorprendería si al hacerlo te preguntarán si estás dispuesto por ganar un puesto mejor o prefieres ingeniártelas por tu cuenta. No te inclines ante ella. ¡Pierde tu trabajo antes de perder tu integridad!

Fue la integridad la que hizo que Sadrac, Mesac y Abednego tuvieran problemas con Nabucodonosor, pero fue esa misma integridad la que les hizo ganar el favor de Dios. Entonces, ¿qué hacer? ¿Inclinarse o no inclinarse? ¡Porque no es posible hacer ambas cosas al mismo tiempo! Yo prefiero meterme en problemas con el rey Nabucodonosor que meterme en problemas con Dios.

Cuando violamos nuestra conciencia al comprometer nuestra integridad, ponemos en riesgo nuestra reputación. También nos convertimos en nuestro propio defensor porque nos salimos de los límites de la buena voluntad de Dios, agradable y perfecta. Pero cuando obedecemos a Dios, estamos bajo el paraguas de su autoridad protectora. Él es nuestro Abogado. Y lo que está en juego es su reputación. Si no le damos un punto de apoyo al enemigo, Dios no dejará que nos toque un solo pelo de la cabeza.

> *Ni uno solo de sus cabellos se había chamuscado; es más, su ropa no estaba quemada ¡y ni siquiera olía a humo!*[1]

La integridad no evitará que nos arrojen al horno de fuego, pero puede evitar que nos quememos. Y no solo nos protegerá. También condenará a las personas que nos rodean. Cuando vivimos de acuerdo con nuestras convicciones, Dios hará notar su presencia de maneras absurdas. El Redentor quiere rescatarnos, pero por fe tenemos que ponernos en tales situaciones precarias.

NO JUEGUES A LA DEFENSIVA

¿A quién vas a ofender?

¡Esa es una de las decisiones más importantes que deberás hacer!

Si temes al hombre, ofenderás a Dios.

Si temes a Dios, ofenderás al hombre.

Jesús no tenía miedo de ofender a los fariseos. De hecho, ofenderlos lo convirtió en una forma de arte. Y yo lo he convertido en una de mis máximas: *¡A los fariseos ofenderás!* O, en este caso, ¡A Nabucodonosor ofenderás!

Sadrac, Mesac y Abednego no querían ofender al rey. Después de todo, sus posiciones de poder eran promociones otorgadas por el mismo Nabucodonosor. Le debían su sustento. Así que no inclinarse ante su estatua era como morder la mano del que lo alimenta, pero la única otra opción era morderle la mano a Dios.

Entonces ¿a quién vamos a ofender?

He descubierto que cuanta más influencia tiene alguien, más grande se vuelve el blanco de tiros en su espalda. Los francotiradores no pararán de dispararte. Yo sé lo que te digo. Como autor y como pastor no me han faltado los disparos. Pero ahora te explico en qué forma he aprendido a manejar cada situación.

No acostumbro a *jugar a la defensiva*. La vida es demasiado corta para pasar todo mi tiempo defendiéndome y consumiendo mis energías. Dios es mi juez y mi jurado. Vivo según una variación de la máxima que Abraham Lincoln vivió: «Puedes complacer a todos algunas veces; puedes complacer a algunos todo el tiempo, pero no puedes complacer a todos todo el tiempo».[2] ¡Por supuesto, es particularmente difícil cuando la persona se llama Nabucodonosor! Pero no importa cómo lo manejes, el temor de Dios es el principio de la sabiduría, y el temor del hombre es el comienzo de la insensatez.

El libro de Proverbios contiene estas palabras:

> *El buen juicio hace al hombre paciente; su gloria es pasar por alto la ofensa.*[3]

¡Más de una vez he tenido que apoyarme en esa promesa! De hecho, es una de las más subrayadas en mi Biblia. Mi objetivo es llegar a ser casi imposible de ofender, a causa de gracia de Dios. Si Dios me ha perdonado por cada ofensa, ¿cómo puedo ofenderme por el pecado de otra persona? Sé que si me ofendo, me pongo a la defensiva y dejo de jugar a la ofensiva con mi vida. Y así es exactamente como el enemigo nos neutraliza.

Jesús no se defendió ante Pilato, ni se defendió cuando los soldados lo azotaron, lo escupieron y se mofaron de Él poniéndole una corona de espinas en la cabeza. Tampoco se defendió cuando le atravesaron sus manos y pies.

Jesús tenía una legión de ángeles a su entera disposición, pero no marcó el 911. No se defendió, y tampoco se ofendió. En lugar de eso, intercedió por sus verdugos: «Padre, perdónalos, porque no saben lo que hacen».[4]

EGO DE TREINTA METROS

Sadrac, Mesac y Abednego no se defendieron. Simplemente actuaron de acuerdo con sus convicciones. Eso es no tener miedo. Es no inclinarse ante lo que está mal. Más aún, es defender lo que es correcto. Cuando Nabucodonosor presenció cómo tales hombres no comprometían su integridad, él mismo hizo una proclamación de fe. Desafortunadamente, pudo haber ido más allá, pero no lo hizo ya que amenazó con descuartizar a cualquiera que no se inclinara ante el Dios de Sadrac, Mesac y Abednego.

No creo equivocarme al decir que cualquiera que construye una estatua de sí mismo de treinta metros de altura es porque probablemente se esté recompensando de algo. Esa estatua es el epítome del orgullo. Y no hay duda de que Nabucodonosor es uno de los primeros en la lista de los ególatras de toda la historia. Sin embargo, todos tenemos un pequeño Nabucodonosor dentro de nosotros.

Buscamos la adoración de maneras más sutiles. Exageramos en nuestro currículum. Hablamos mal de otros a sus espaldas. Decimos mentiras blancas para ocultar las áreas grises en nuestras vidas.

Si no encuentras tu identidad y seguridad en lo que Cristo ha logrado por ti en la cruz, tratarás de ocultar tus inseguridades detrás de tus hipocresías.

Intentarás librar tus propias batallas.

Intentarás crear tus propias oportunidades.

Intentarás establecer tu propia reputación.

Y pronto descubrirás que manipular es agotador.

Solo pregúntale a Saúl. La Escritura dice que Saúl mantuvo un ojo celoso sobre David. Era como si hubiese sido bizco: estaba más preocupado por su reputación que por la reputación de Dios.

Dos versículos apuntan a dos momentos determinantes en su caída.

Luego Saúl construyó un altar al Señor. Este fue el primer altar que levantó.[5]

Y luego, un capítulo después:

Saúl se fue a Carmel, y allí se erigió un monumento.[6]

En algún lugar entre 1 Samuel 14.35 y 1 Samuel 15.12, Saúl dejó de construir altares para Dios y comenzó a construir monumentos para sí mismo. Y el profeta Samuel vio a través de la cortina de humo: «Aunque te creías poca cosa, has llegado a ser jefe de las tribus de Israel».[7]

¿Sabe quiénes construyen monumentos para sí mismos? ¡Los que se creen poca cosa!

Hay una línea muy fina entre *venga tu reino* y *venga mi reino.* Si cruzas esa línea, tu relación con Dios es egoísmo.

No estás sirviendo a Dios. Estás usando a Dios.

No estás construyendo altares a Dios. Estás construyendo monumentos para ti mismo.

Y hay un nombre para eso: idolatría.

DECÍDETE

Llega un momento en el que necesitas tomar una posición por lo que es correcto, asumir una posición por Dios. Ese fue el momento para Sadrac, Mesac y Abednego. Y esos son los momentos que definen nuestra integridad.

¿Hay algo a lo que te estás inclinando?

Si lo hay, entonces es el momento de asumir una posición.

Y siempre se empieza con las cosas pequeñas.

Más que todas sus victorias acumuladas en el campo de golf, Bobby Jones es famoso por una penalización de un golpe en el Abierto de Estados Unidos de 1925. Tocó inadvertidamente su pelota de golf y se autoimpuso una penalización de un golpe, aunque nadie más lo vio tocar la pelota. Pero Bobby Jones no pudo violar su conciencia. Se impuso el castigo y por un golpe no pudo ganar el Abierto.

Cuando los oficiales del torneo trataron de felicitarlo por su integridad, Jones simplemente dijo: «Es mejor que me elogien por no entrar en los bancos. Solo hay una forma de jugar golf». Eso es integridad épica.

Y eso es algo para celebrar. La integridad es lo único que no se deprecia con el tiempo. Nada tarda más en construirse que una buena reputación. Y nada es destruido más rápidamente por un golpe de pecado. Por eso hay que celebrarla y protegerla por encima de todo.

Tu integridad es tu legado.

Tu integridad es tu destino.

Asume una posición.

CAPÍTULO 15

TREINTA PIEZAS DE PLATA

Uno de los doce, el que se llamaba Judas Iscariote, fue a ver a los jefes de los sacerdotes. «¿Cuánto me da, y yo les entrego a Jesús?» les propuso. Decidieron pagarle treinta monedas de plata.

MATEO 26.14-15

Judas no pudo mantener la mano fuera del tarro de galletas. No solo se vendió traicionando a Jesús por treinta piezas de plata, sino que Judas nunca las adquirió. Y eso se evidencia en su falta de integridad desde el principio.

Era un ladrón y, como tenía a su cargo la bolsa del dinero, acostumbraba robarse lo que echaban en ella.[1]

La traición de Jesús por Judas no fue una cosa del momento. Lo traicionaba cada vez que robaba dinero de la bolsa. Y mientras que nos cuesta imaginar robándole a Jesús, la mayoría de nosotros lo hacemos, aunque de mil maneras diferentes. Le robamos a Dios la gloria que Él exige y merece al no estar a la altura de todo el potencial que nos ha dado.

El pecado siempre promete demasiado y no cumple, mientras que la justicia paga dividendos por la eternidad. Sin embargo, vendemos como Esaú vendió su primogenitura por un plato de lentejas.

Sansón vendió su secreto por una noche de aventura.

Judas vendió su alma por treinta piezas de plata.

¿Qué estarían pensando ellos? Y la respuesta es que no estaban pensando. Nada es más ilógico que el pecado. Es el epítome del mal juicio. Es una locura temporal con consecuencias eternas. Y no tenemos escape, salvo la cruz de Cristo.

No vale la pena, y lo sabemos.

Pero lo hacemos.

Vendemos por tan poco en lugar de hacernos poseedores de tanto.

C. S. Lewis describió nuestra tendencia a vender a Dios así:

> *Parecería que nuestro Señor encuentra nuestros deseos, no demasiado fuertes, sino demasiado débiles. Somos criaturas tibias, entreteniéndonos con el licor, el sexo y la ambición, cuando se nos ofrece una alegría infinita; como un niño ingenuo que quiere seguir haciendo pasteles de barro en un barrio pobre porque no puede imaginar lo que significa pasar un día en el mar. Somos demasiado fáciles de complacer.*[2]

Treinta piezas de plata. Ese era el tope de precio de Judas. Los lectores judíos lo habrían reconocido como la cantidad exacta a pagar bajo la ley mosaica en el caso de que un esclavo muriera por accidente.[3] Judas, entonces, vendió su alma por la suma que costaba reemplazar a un esclavo.

Las monedas de plata eran, probablemente, siclos del santuario, ya que fue a lo que echaron mano los sumo sacerdotes para pagarle. Y aunque algunas estimaciones son más altas, se cree que ¡cada moneda pudo haber valido apenas setenta y dos centavos! Así que en moneda de hoy, Judas habría traicionado a Jesús por $21.60 dólares.[4]

UN PEQUEÑO JUDAS

Las Escrituras no nos dicen mucho sobre Judas, pero las teorías abundan. Algunos eruditos sugieren que era un hombre cobarde con una esposa que lo dominaba; otros, que traicionó a Jesús motivado por la codicia; y otros, por motivos revolucionarios, que quería un Salvador político, y cuando Jesús no cumplió con sus expectativas, lo traicionó.

¿No hacemos nosotros lo mismo? Cuando Dios no se ajusta a nuestras expectativas, estamos tentados a traicionar lo que creemos. Al igual que Judas, estamos en esto por lo que podemos obtener. Entonces, cuando Dios no concede nuestros deseos como un genio divino en una botella, nos vemos tentados a darle la espalda.

¿Cómo reaccionas cuando Dios no satisface tus expectativas? Si realmente aceptaste la invitación a seguir a Jesús, seguirás adelante a través de huracanes, granizo y condiciones peligrosas. Si en cambio, solo lo invitaste a Él a seguirte a ti, tú renunciarás a la primera señal de mal tiempo.

Todos llevamos dentro a un pequeño Judas. Cualquiera es capaz de traicionar a Dios si permitimos que el temor de la gente erosione nuestro temor de Dios, si la ambición egoísta levanta su brazo contra la ambición piadosa, o si los deseos pecaminosos hacen cortocircuito sobre las pasiones ordenadas por Dios.

SOMBRAS LARGAS

La traición de Judas fue anunciada por el profeta Zacarías quinientos años antes de que sucediera, pero esa profecía no significa que debamos ser víctimas del fatalismo. Dios nos ha dado libre albedrío. Así que, para bien o para mal, la elección es nuestra.

La historia puede cambiar en un instante.

El instante es nuestra decisión determinante.

Y esas decisiones, correctas o incorrectas, determinan nuestro destino.

Algunas decisiones determinantes son obvias, como elegir una carrera o elegir un cónyuge. Pero la mayoría se hacen en las sombras, como lo hizo Judas. Por supuesto, eventualmente entran en la luz. Y son esas decisiones determinantes las que proyectan las sombras más largas.

Pienso en José resistiéndose a las insinuaciones coquetas de la esposa de Potifar.[5] Él no tenía idea de cómo esa única opción alteraría su vida y el curso de la historia. Hizo lo correcto y no pagó dividendos por ello a lo largo de diecisiete años. De hecho, esto pareció volverse en su contra cuando José pisó la cárcel. Pero nuestras decisiones, correctas o incorrectas, siempre nos alcanzan tarde o temprano.

Pienso en David cuando tomó al momento la decisión de no matar al rey Saúl cuando lo tuvo acorralado cerca de los riscos de las cabras salvajes.[6] Podría haber argumentado autodefensa, y nadie lo habría visto hacerlo. ¡Nadie, es decir, excepto Aquel que todo lo ve!

Por supuesto, David también tuvo su porción de malas decisiones. Por una pequeña ventana fisgoneó desde la terraza de su palacio. Y después de acostarse con Betsabé, trató de ocultarlo matando a Urías, su marido.

Las malas decisiones suelen llevar a peores decisiones. Después de que Judas traicionó a Jesús, tomó la peor decisión y la última de su vida. Se colgó de un árbol en el campo de un alfarero. Es más que un triste final. Es una advertencia permanente.

La buena noticia es que Dios puede perdonar nuestras malas decisiones. Y una buena decisión puede cambiar totalmente la trayectoria de nuestras vidas. Y esa buena decisión llevará a mejores decisiones. Pero comienza haciendo la decisión correcta cuando nadie te está mirando.

¿Qué decisión determinante necesitas tomar?

¿Qué riesgo necesitas tomar?

¿Qué sacrificio necesita hacer?

Y ASÍ ES LA VIDA

En 1931, el autor irlandés George William Russell escribió una pieza de poesía críptica titulada «Germinal»:

> *En antiguas sombras y crepúsculos*
> Donde la infancia se había desviado
> Las grandes tristezas del mundo nacieron
> Y se hicieron sus héroes
> En la infancia perdida de Judas
> *Cristo fue traicionado.*[7]

Judas no decidió traicionar a Cristo después de seguirlo por tres años. Las semillas de la traición fueron plantadas en el suelo de su juventud. Ciertamente, eso no justifica lo que hizo. Y él podría haber decidido no hacerlo. Pero nuestras elecciones más importantes, buenas y malas, a menudo tienen las genealogías más largas.

El psicoterapeuta austriaco Alfred Adler fue famoso por comenzar las sesiones de asesoramiento con nuevos clientes preguntándoles: «¿Cuál es su primer recuerdo?». No importa cómo respondiera el paciente, Adler siempre decía: «Y así es la vida».

No sabemos casi nada acerca de Judas como un niño pequeño, adolescente o veinteañero, pero supongo que provocaría rabietas cuando no le daban lo que quería porque ese egocentrismo infantil aún es evidente cuando la mujer con el frasco de alabastro unge a Jesús. Judas tuvo el descaro de hacer un escándalo.

> *¿Por qué no se vendió este perfume, que vale muchísimo dinero, para dárselo a los pobres?*[8]

Con esa actuación, Judas habría sido candidato seguro a un Oscar. No podía haberse preocupado menos por los pobres. Ese perfume habría producido una linda suma. ¡Mucho más de $21,60 dólares!

¡Es mucho más fácil *actuar* como un cristiano que *reaccionar* como uno!

¿Somos diferentes en algo?

El Talmud enseña que hay cuatro tipos de personas en el mundo.

La primera persona dice: *Lo tuyo es mío.*

La segunda persona dice: *Lo tuyo es tuyo.*

La tercera persona dice: *Lo mío es mío.*

Y la cuarta persona dice: *Lo mío es tuyo.*

¿Qué tipo eres tú?

EL SEGUNDO PECADO

El pecado original, cometido por Adán y Eva, fue comprarle al enemigo la mentira de que Dios les estaba ocultando algo. Comieron del árbol del conocimiento del bien y del mal porque no creyeron que Dios estaba ahí. Y la manzana no cayó lejos del árbol proverbial. Luego, el segundo pecado registrado en las Escrituras, y el primer pecado fuera del jardín del Edén, resultó ser un hijastro del pecado original.

Abel no tuvo miedo.

Trajo a Dios lo mejor de lo mejor: sus corderitos seleccionados.

Pero Caín se rebeló.

Le dio a Dios las sobras: la peor parte de su cosecha.

Nada ha cambiado.

La elección sigue siendo nuestra.

No hay punto medio.

¿No es esa la lección que debemos aprender de Ananías y Safira? Donaron el producto de la venta de una propiedad a la iglesia, pero Dios los mató. ¿Por qué? Porque descaradamente mintieron acerca de su compromiso total. Dijeron que habían entregado todo, pero se habían guardado un pequeño cambio en el bolsillo.

El verdadero valor de una ofrenda no se mide por cuánto damos. Se mide por cuánto nos dejamos para nosotros. Es por eso por lo que la viuda que solo dio dos pequeñas monedas de cobre fue honrada por su generosidad. Ella dio menos que nadie, pero no se guardó nada para sí misma. Es por eso por lo que Jesús honró al niño que le dio cinco panes y dos peces. No era mucho, pero era todo lo que tenía.

Un sacrificio debe implicar sacrificio. Caín dio lo que no quería conservar o no podía usar. Guardó lo mejor y dio lo peor. Y eso nunca ha sido lo suficientemente bueno para quien es el Todo en Todo.

ORO, INCIENSO Y MIRRA

A menudo, la historia de los magos es relegada a una homilía navideña, pero ellos contrastan por mucho con los Judas. Judas se vendió por unas cuantas monedas de plata. Los magos llegaron con regalos de oro.

A primera vista, pareciera que los magos llevaron los regalos equivocados a aquel *baby shower*, ¿no es así?

Me recuerda a «Las tres mujeres sabias», un pequeño chiste que en cierta ocasión leí: ¿Sabes qué hubiera pasado si en lugar de tres hombres sabios, hubieran sido tres mujeres sabias? Habrían pedido la dirección, habrían llegado a tiempo, habrían ayudado en el alumbramiento, habrían aseado el establo, habrían preparado la comida y habrían llegado con regalos prácticos.[9]

El oro, el incienso y la mirra parecen ser regalos equivocados, pero detente y piensa. ¿Cómo puede un carpintero que gana un salario mínimo, y que acaba de pagar una gran suma por concepto de impuestos, financiar un viaje a un país extranjero? Esos tres regalos eran justo lo que María y José necesitaban. Eran su boleto de oro para Egipto. Y es la única forma en que podrían haber escapado del genocidio que siguió. ¡Esos regalos salvaron sus vidas!

Ahora déjame conectar los puntos.

¡Los regalos de los magos fueron el milagro de María y José!

Y lo mismo es cierto para nosotros. El dar es una de las formas en que nos involucramos en los milagros de Dios. Sus regalos de oro, incienso y mirra se traducirán en el milagro de otra persona. Como la mujer que es rescatada de la industria del sexo y se le da un lugar seguro para curarse y recuperarse. O el niño sin padre que es discipulado por un mentor amoroso. O el hombre sin hogar que es capaz de ponerse de pie y conseguir un trabajo. Y lo más importante, aquellos que dan su primer paso de fe al entregar sus vidas al señorío de Jesucristo.

Tal vez es hora de dejar de esperar que Jesús te siga.

Tal vez es hora de tomar la decisión de seguirlo.

Cada regalo.

Cada talento.

Todo tu tiempo.

Dispuesto a todo.

PARTE 5

SIN MIEDO

CAPÍTULO 16

EL ÍDOLO QUE PROVOCA CELOS

Un viento me sostuvo entre la tierra y el cielo, y en visiones divinas me llevó a la parte norte de Jerusalén, hasta la entrada de la puerta interior, que es donde está el ídolo que provoca los celos de Dios.

EZEQUIEL 8.3

Dios no es celoso *de* nada. No puede serlo. El Todopoderoso es todo suficiente. Pero el Creador está celoso por todo ya que todo le pertenece a Él.

Cada brizna de hierba.

Cada gota de agua.

Cada grano de arena.

El carácter de Dios lo revelan sus nombres. Uno de esos nombres se lo revela a Moisés en el Monte Sinaí:

> *No adores a otros dioses, porque el SEÑOR es muy celoso. Su nombre es Dios celoso.*[1]

¿Captas el doble énfasis?

Dios no es solo celoso sino doblemente celoso. Y cuando Dios dice algo más de una vez, tú necesitas pensar dos veces sobre lo que significa.

Tú no pertenece a Dios una sola vez. Perteneces a Dios dos veces.

Una vez en virtud de la creación.

Otra vez en virtud de la redención.

Dios nos dio la vida a través de la creación. Y cuando estábamos muertos en nuestro pecado, Él nos dio vida eterna a través de la redención. A Dios no le debemos una sola vida. ¡Le debemos dos vidas! Y es por eso por lo que Dios es doblemente celoso.

Los celos no son un rasgo de carácter sobre lo que cantamos o escribimos a menudo. Pero los celos de Dios son una hermosa expresión del amor de Dios. Es un amor celoso que quiere todo de ti, todo para Él. Y si alguna vez has estado enamorado, sabes que es la forma más apasionada de amor que existe.

EL FIN DE MÍ

No creo haber entendido esta dimensión del amor hasta que me convertí en esposo y padre. Estoy celoso de mi esposa. Ella me pertenece, y yo le pertenezco a ella. El matrimonio no es una proposición de cincuenta y cincuenta. Juré todo de mí a todo de ella. *Para mejor o para peor, para riqueza o para pobreza, en salud o en enfermedad.*

Como pastor, a menudo ayudo a las parejas a hacer sus votos matrimoniales. Una de mis líneas favoritas es esta: *no se repriman.* No tengan miedo. El matrimonio no es un compromiso. Es ponernos sobre el altar en el altar. No hay más *mí.* Ahora somos *nosotros.* Cualquier cosa menos adulterio.

Soy celoso de mi esposa. Si te metes con ella, te metes conmigo. ¡Y te derribaré! Mi amor por mi esposa es protector y posesivo, en las cosas grandes y en las pequeñas.

Los celos, en el contexto del santo matrimonio, son la expresión más hermosa del amor en la tierra. Y cuando los ves como realmente son, la novia de Cristo, empiezas a comprender la tenacidad y la veracidad del amor celestial. También empiezas a ver la idolatría por lo que realmente es: una forma de adulterio.

SIETE MIL MILLONES A DIOS, TRES A MÍ

Quiero que mis hijos amen a Dios ante todo, pero mi segundo deseo y oración es que ¡también amen a sus padres! Ningún pensamiento es más doloroso para mí como padre: que mis hijos no me amen como yo los amo a ellos. Sin embargo, esa es su prerrogativa. Y probablemente no será sino hasta que tengan sus propios hijos que aprecien completamente la forma en que su madre y yo los amamos.

Si me dijeras que dos de mis tres hijos me amarían, no estaría satisfecho con ese sesenta y siete por ciento. Más bien me sentiría devastado. No amo a mis hijos «igualmente», los amo «únicamente». Y así es como Dios nos ama. Su amor por ti no es solo incondicional. Su amor por ti es absolutamente único.

> *Porque tanto amó Dios al mundo que dio a su Hijo unigénito.*[2]

Muchos de nosotros hemos memorizado Juan 3.16, pero nunca lo hemos personalizado. Sabemos que Él nos ama a todos, pero como hay miles de millones de personas en el planeta, nos sentimos un poco perdidos en la muchedumbre. Probablemente puedes entender cuán devastado me sentiría si uno de mis hijos no me amara, pero ¿te has detenido a considerar el hecho de que siete mil millones para un Dios infinito es mucho menos que tres para mí?

Así como tu amor por Dios es único, también lo es el amor de Dios para ti. El amor de Dios no está dividido en siete mil millones de maneras. Él nos ama a todos con todo lo que Él es en sí mismo. La única pregunta que queda es esta:

¿Él es *tu perla de gran precio?*

DIOS DEL SEXO

En el libro del profeta Ezequiel, el profeta tiene una visión de un ídolo que se denomina «el ídolo que provoca los celos».[3] Los eruditos creen que el ídolo al que se hace referencia es la diosa cananea de la fertilidad.

Era su dios sexual.

Sé que parece un poco extraño y hasta un poco ingenuo leer acerca de antiguos paganos que tallaban sus propios ídolos y luego se inclinaban ante la madera labrada. Pero ¿somos nosotros diferentes? ¿O un poco mejores?

¿Has estado alguna vez en Las Vegas? Allí se adora abierta y libremente al dios de la lujuria. Pero siendo la pornografía una industria de cien mil millones de dólares, es prueba de que el dios de la lujuria también es adorado en lo secreto, en cualquiera de sus formas de adicción. Lo que estoy tratando de decir es esto: seguimos inclinándonos ante la diosa cananea de la fertilidad. Y como cualquier otro ídolo, debe ser destronado. Tenemos que dar un golpe de estado contra la idolatría.

¿Cuál es tu ídolo que te provoca a celos?

La idolatría es cualquier cosa que te mantiene asustado.

La idolatría es cualquier cosa que impide que Dios sea su Todo en Todo.

Identificar a tus ídolos comienza con la forma en que gastas tu tiempo y gastas tu dinero. Mi calendario y mi chequera no mienten. Ambos también revelan el ídolo que provoca a celos.

HABITACIONES OCULTAS

La idolatría no es *un* problema. Es *el* problema.

El pecado es solo un síntoma. La idolatría es la raíz que lo causa.

No puedes simplemente confesar el pecado. Tienes que destronar al ídolo.

La diosa cananea del sexo era el ídolo más visible en el templo, pero era solo la punta del iceberg de la idolatría. Cuando Ezequiel miró por el boquete al interior de una habitación oculta dentro del templo, vio que había figuras de reptiles y de otros animales repugnantes retratados en las paredes como antiguos jeroglíficos.[4]

¿Qué está grabado en las paredes de tu mente?

¿Qué se esconde en la habitación oculta de tu corazón?

Todos tenemos habitaciones ocultas, el pecado secreto que nadie ve, excepto Aquel que todo lo ve. Es lo que haces cuando nadie está mirando. Es quien eres cuando nadie más está presente. Es el lugar donde escondemos nuestros ídolos más preciosos. Y el enemigo quiere que mantengas tu pecado secreto en secreto. Así es como nos chantajea.

Nuestra iglesia recientemente filmó una serie de documentales cortos. Semana tras semana, individuos valientes compartieron algunas de sus heridas más profundas y sus luchas más grandes. Con cada testimonio, nuestra iglesia creció en gracia.

Cuando un miembro de nuestro personal compartió su adicción secreta a la pornografía gay, la gente abrió la puerta de sus habitaciones ocultas. La vergüenza salió corriendo y la gracia llegó de prisa. En Apocalipsis leemos que Jesús está a la puerta y llama. La relación comienza cuando abrimos la puerta principal, pero no termina ahí. ¡Él también toca a la puerta del armario!

Así como el templo judío tenía un atrio exterior y un atrio interior, nuestros corazones tienen un atrio exterior y un atrio interior. No es suficiente invitar a Jesús al atrio exterior. Tienes que dejarlo entrar en el atrio interior. Jesús quiere renovar todos los rincones y las grietas de tu corazón, pero tienes que abrir la puerta de tu habitación oculta. Y en algunos casos, Él hace un trabajo cuasi quirúrgico.

C. S. Lewis lo describió en términos similares:

Imagínate a ti mismo como una casa viviente. Dios llega y entra para reconstruirla. Al principio, quizás puedas entender lo que está haciendo. Está reparando los desagües y tapando las goteras en el techo y así sucesivamente ... Pero de pronto, comienza a golpear la casa de una manera que causa grande dolor y lo que hace parece no tener sentido. ¿Qué es lo que está haciendo? La explicación es que está construyendo una casa muy diferente de la que usted pensaba: levantando un ala nueva aquí, poniendo un piso adicional allí, poniendo torres, haciendo patios. Usted pensó que lo convertiría en una casita decente; pero no, Él está construyendo un palacio. Porque tiene la intención de venir y vivir en él.

EL NUDO GORDIANO

Después de ver lo que había en las habitaciones ocultas, Ezequiel se encuentra con un ídolo más en la entrada de la puerta norte del templo. Vio a las mujeres llorar a Tammuz, el dios babilónico de la fertilidad de la primavera.[5] La palabra clave es luto. Si deseas identificar a tus ídolos, necesitas aplicar ingeniería inversa a tus emociones. Siga a ese ídolo hasta el comienzo del sendero y te encontrarás cara a cara con los ídolos de tu vida.

Ese es tu Tammuz.

¿Qué es lo que te vuelve loco, triste o contento?

¿Qué arruina o salva tu día?

¿Qué desencadena tus reacciones emocionales más fuertes?

La acusación contra los israelitas no es solo que tuvieran una aventura emocional con un dios falso, sino que habían adoptado una actitud permanente de sentimientos hacia el Dios que los había creado. Si tus sentimientos más profundos están reservados para algo más que el Dios Todopoderoso, entonces ese es tu ídolo emocional. No estoy diciendo que no debas entusiasmarse con tu equipo favorito, con tu pasatiempo favorito o con tu comida favorita. Pero si te emocionan más las cosas materiales que el simple pero profundo hecho de que tus pecados fueron clavados en la cruz por quien no tenía pecado, el Hijo de Dios, entonces te estás inclinando a Tammuz.

Cómo mostrar emociones no es el problema.

Tampoco *cuándo* o *dónde*.

El verdadero problema es el *por qué*.

¿Se rompe tu corazón por las cosas que rompen el corazón de Dios?

La cantidad estimada de emociones humanas únicas llega hasta cuatrocientas, pero no importa cuántas son, estamos llamados a amar a Dios con cada una de ellas. Eso es lo que significa amar a Dios con todo el corazón.

La distancia entre tu cabeza y tu corazón es de solo 30 centímetros, pero es la diferencia entre la información y la transformación. No es suficiente invitar a Jesús a tu mente. Tienes que abrir la puerta de las profundidades de tu corazón. Ninguna puerta puede permanecer cerrada. Incluso la puerta de tu habitación oculta.

Nada enreda más las emociones como el pecado. Y si pecas lo suficiente, lo sentirás como un nudo gordiano que parece imposible de desatar. Pero Jesucristo fue a la cruz para deshacer lo que hayas hecho. Él rompió la maldición del pecado para que podamos romper el ciclo del pecado.

No sé lo que has construido alrededor de tu corazón, pero Dios quiere hacer allí un trabajo a fondo. Comienza por dejarlo entrar.

¿No crees que ya es hora?

Es hora de responder cuando llaman a la puerta de tu corazón.

Es hora de abrir la puerta e invitar a Jesús a entrar.

Puede que no sientas la seguridad de estar dispuesto a todo, pero este es el momento.

CAPÍTULO 17

UNA DECISIÓN POR VENIR

Pocos estadounidenses han marcado la conciencia colectiva de nuestro país como Jonathan Edwards. Edwards fue un prodigio intelectual, ingresó en la Universidad de Yale a la edad de doce años. Y está enterrado en la Universidad de Princeton, donde se desempeñó como presidente hasta su muerte en 1758. Fue autor de decenas de volúmenes, tanto teológicos como inspiracionales. Su biografía por David Brainerd ha inspirado a innumerables misioneros a comprometerse con Dios. Y fue él quien provocó el Primer Gran Despertar de los Estados Unidos con su sermón «Pecadores en las manos de un Dios enojado». Pero su mayor legado quizás sea su descendencia, que incluye a más de 300 ministros y misioneros, 120 profesores universitarios, 60 autores, 30 jueces, 14 presidentes universitarios, 3 miembros del Congreso y 1 vicepresidente.

Ese legado, como toda genealogía espiritual, se remonta a un momento decisivo.

El 12 de enero de 1723, Jonathan Edwards hizo una consagración escrita de sí mismo a Dios. La escribió en letra manuscrita en su diario y la revisó a menudo a lo largo de los años.

> *Yo hice una solemne dedicación de mí mismo a Dios y la escribí; me entregué a mí mismo y todo lo que tenía a Dios; ser para el futuro, en ningún sentido, me pertenece;*

para vivir como alguien que no tiene derecho sobre sí mismo, en el sentido que fuera. Y juré solemnemente hacer de Dios toda mi porción y felicidad; no buscando nada más como parte de mi felicidad, ni actuar como si lo fuera.[1]

Junto con su solemne consagración a Dios, Edwards formuló setenta metas o resoluciones que serían la base de su fe y práctica.[2] Las volvería a repasar una vez a la semana durante toda su vida.

Nada ha cambiado.

Si tú no te aferras a Dios, Dios no se aferrará a ti.

No hay nada que Dios no pueda hacer en y por medio de una persona que está totalmente consagrada a Él. Queremos hacer cosas asombrosas para Dios, pero ese no es nuestro trabajo. Ese es el trabajo de Él. Nuestro trabajo es entregar absolutamente al Señor Jesucristo todo lo que tenemos y todo lo que somos. Y si hacemos nuestro trabajo, Dios ciertamente hará el suyo.

Así que nos mantenemos en la misma promesa de tres mil años que hicieron los israelitas:

«Purifíquense, porque mañana el SEÑOR va a realizar grandes prodigios entre ustedes».

Dios quiere hacer cosas increíbles.

Él simplemente está esperando que nos purifiquemos.

Estás a tan solo una decisión que pereciera no ser la más segura, pero sí la de una vida diferente.

¿Qué harás?

NOTAS

CAPÍTULO 1 – LLENA TU ATAÚD

1. A.W., *Milne was one.* Un sermón por el Dr. Howard Foltz, profesor de misionología en Regent Universty, 2002

CAPÍTULO 2 – EL EVANGELIO INVERTIDO

1. «The world has yet to see», citado en William R. Moody, *The Life of Dwight L. Moody* (New York: Revell, 1900), p. 134. Ver de Mark Fackler, «The World Has Yet to See» en *Christianity Today* (1 enero 1990), www.ctlibrary.com/ch/1990/issue25/2510.html (revisado 11 febrero 2013).
2. *Purifíquense*: Josué 3.5

CAPÍTULO 3 – TRAZA LA LÍNEA

1. *En el año 44 A. D., el rey Herodes ordenó matar*: El martirio de Jacobo es el único mencionado en la Escritura. Ver Hechos 12.1–2.
2. *Y así comenzó el baño de sangre*: ver Grant R. Jeffrey, *The Signature of God* (La firma de Dios) (Frontier Research, 1996), pp. 254–257.
3. *Al que no cometió pecado alguno, por nosotros Dios lo trató como pecador*: 2 Corintios 5.21.
4. *brinda generosamente su bondad*: Salmos 84.11
5. *el joven rico*: Lucas 18.18–30.
6. ¿Qué más me falta?: Mateo 19.20
7. *parábola de las bolsas con monedas de oro*: Mateo 25.14–30
8. *Si quieres ser perfecto:* Mateo 19.21

CAPÍTULO 4 – A LA CARGA

1. *le otorgó la Medalla de Honor*: citado en Thomas A. Desjardin, *Stand Firm, Ye Boys of Maine: The 20th Maine and the Gettysburg Campaign*, ed. 15 aniv. (New York: Oxford University Press, 2009), p. 148.
2. *muy dentro de mí*: citado en Andy Andrews, *The Butterfly Effect: How Your Life Matters* (Nashville: Nelson, 2010), pp. 20–21.
3. *Su líder no tenía un conocimiento real*: Ibíd., p. 20.

CAPÍTULO 5 – ESTO ES SOLO UNA PRUEBA

1. *Dios puso a prueba a Abraham*: Génesis 22.1.
2. *Fue Dios quien le dio*: Algunos eruditos infieren de Ezequiel 28:13-17 que Lucifer dirigía los coros angelicales en el cielo. Aunque esa conclusión no puede ser sustentada, es una interpretación posible.
3. *Catorce años de trabajo*: Phil Vischer, *Me, Myself, & Bob: A True Story About God, Dreams, and Talking Vegetables* (Nashville: Nelson, 2006), p. 196.
4. *Si Dios te da un sueño*: Ibíd., p. 234.
5. *Ya no soy más mío*: *The Book of Offices* (London: Methodist Publishing House, 1936), p. 57.

CAPÍTULO 6 – QUEMA LAS NAVES

1. *recaudador de impuestos que puso su fe en Cristo*: Lucas 19.1-10
2. *prostituta que ungió a Jesús*: Marcos14,1 – 9
3. *avivamiento que estalló en Éfeso*: Hechos 19.17 – 20
4. *haciendo una declaración de fe de $3.739.972,50 dólares*: basado en el salario mínimo de Washington, D.C.
5. *Búsquenme y vivirán:* Amós 5.4-6
6. *ayuda siempre presente*: Salmos 46.1
7. *Desde los días de Juan el Bautista*: Mateo 11.12
8. *Eso es el doble*: ver David Pyles, «A Double Portion of Thy Spirit» en www.bcbsr.com/survey/eli.html (revisado 14 febrero 2013).
9. *Eliseo habría obtenido un crédito extra por separar*: 2 Reyes 2.14; 4.34; 6:6

CAPÍTULO 7 – IRRUMPE EN LA FIESTA

1. *los recuerdos de la fiesta probablemente serían filacterias*: ver Mateo 23.5. Las filacterias eran cajas que contenían versículos de las Escrituras y que se llevaban en la frente y los brazos.
2. *en cualquier parte del mundo donde se predique este evangelio*: Mateo 26.13
3. *Si este hombre fuera un profeta*: Lucas 7.39
4. *La verdadera espiritualidad es:* Michael Yaconelli, *Messy Spirituality*, rev. ed. (Grand Rapids: Zondervan, 2007), p. 46. *Espiritualmente desordenados*, Vida Publishers (1 junio 2008)

CAPÍTULO 8 – ALEJADOS DEL BORDE

1. *La eternidad no será suficiente*: A. W. Tozer, *The Pursuit of God* (Radford, Va.: Wilder, 2008), p. 30. *La búsqueda de Dios*, (Grand Rapids: Editorial Portavoz).
2. *necesitamos estudiar la Palabra*: 2 Timoteo 2.15
3. *¡Hiciste bien, siervo bueno y fiel!*: Mateo 25.23

CAPÍTULO 9 – ESCALAR EL ACANTILADO

1. *Ven acá. Vamos a cruzar al otro lado*: 1 Samuel 14.1
2. *Pero, si nos dicen*: 1 Samuel 14.10
3. *Espero que el Señor nos ayude*: 1 Samuel 14.6
4. *Así libró el Señor a Israel aquel día*: 1 Samuel 14.23
5. *edificaré mi iglesia*: Mateo 16.18
6. *dos psicólogos*: William J. Gehring y Adrian R. Willoughby, «The Medial Frontal Cortex and the Rapid Processing of Monetary Gains and Losses», *Science* 295.5563 (22 marzo 2002): pp. 2279 – 2282.
7. *Mi conciencia es prisionera*: Henry Bettensen y Chris Maunder, eds., *Documents of the Christian Church*, 4ª ed. (New York: Oxford University Press, 2011), p. 214.

CAPÍTULO 10 – CONSTRUYE EL ARCA

1. *El volumen interno del arca*: Christian Information Ministries, «Facts on Noah's Ark», www.ldolphin.org/cisflood.html (revisado 14 febrero 2013).
2. *Y Noé hizo todo*: Génesis 6.22

3. *Noé contaba con el favor*: Génesis 6.8
4. *brinda generosamente su bondad*: Salmos 84.11
5. *He peleado la buena batalla*: 2 Timoteo 4.7

CAPÍTULO 11 – TOMA LA VARA PARA ARREAR

1. *El sucesor de Aod fue Samgar*: Jueces 3.31
2. *Y si Dios es por ti*: Romanos 8.31
3. Puedes seguir a Cori en www.cultivate.com.
4. *Entonces oí la voz*: Isaías 6.8
5. *On the Plains of Hesitation*: Bob Kelly, *Worth Repeating: More Than 5,000 Classic and Contemporary Quotes* (Grand Rapids: Kregel, 2003). P. 169.

CAPÍTULO 12 – SDG

1. *No se cumpla mi voluntad*: Lucas 22.42
2. *Hagan lo que hagan*: Colosenses 3.23
3. *Ya sea que coman o beban*: 1 Corintios 10.31
4. *Desnudo salí*: Job 1.21

CAPÍTULO 13 – DEJA CAER TU VARA

1. *David y Svea Flood*: See Aggie Hurst, *Aggie: The Inspiring Story of a Girl without a Country* (Springfield, Mo.: Gospel Publishing House, 1986).
2. *Sin embargo, gracias a Dios*: 2 Corintios 2.14
3. *Después de obtener una gran victoria*: Se consideraba una gran victoria al ser un mínimo de cinco mil tropas enemigas.
3. *Y de Jericó en adelante*: Este pensamiento es tomado de Andrew Murray, *The Master's Indwelling* (New York: Revell, 1896), p. 51.
4. *El consenso fue que Dios*: ver Hayim Nahman Bialik y Yehoshua Hana Ravnitzky, eds., *The Book of Legends: Sefer Ha-Aggadah* (New York: Schocken, 1992), p. 63.
5. *Resumió sus inseguridades*: Éxodo 3.11
6. *YO SOY EL QUE SOY*: Éxodo 3.14
7. *Yo estaré contigo*: Éxodo 3.12
8. *Entonces el Señor le preguntó a Moisés*: Éxodo 4.2-3
9. *Pero si los dos peces que tienes en las manos los pones*: Mateo 14.13-21

CAPÍTULO 14 – ASUME UNA POSICIÓN

1. *Ni uno solo de sus cabellos*: Daniel 3.27
2. *Puedes complacer a todos*: Para la interpretación original, ver Alexander McClure, *«Abe» Lincoln's Yarns and Stories* (Philadelphia: International Publishing, 1901), p. 184: «Es verdad que se puede engañar a todas las personas algunas veces; incluso puede engañar a algunas personas todo el tiempo; pero no puede engañar a todas las personas todo el tiempo».
3. *Su gloria es*: Proverbios 19.11
4. *Padre —dijo Jesús— perdónalos*: Lucas 23.34
5. *Luego Saúl construyó un altar*: 1 Samuel 14.35
6. *Saúl se fue a Carmel*: 1 Samuel 15.12

7. *Aunque te creías poca cosa*: 1 Samuel 15.17

CAPÍTULO 15 – TREINTA PIEZAS DE PLATA

1. *Era un ladrón*: Juan 12.6
2. *Parecería que nuestro Señor*: C. S. Lewis, *The Weight of Glory and Other Addresses* (Grand Rapids: Eerdmans, 1965), p. 2. *El peso de la gloria*, (Grand Rapids: Harper Collins Español, 2016).
3. *Los lectores judíos lo habrían reconocido*: Éxodo 21.32
4. *Así que en moneda de hoy*: M. R. Vincent, *Word Studies in the New Testament* (New York: Scribner's, 1887), comentario a Mateo 26:16 (calculado en dólares al día de hoy).
5. *Pienso en José resistiéndose*: Génesis 39.6-8
6. *Pienso en David cuando tomó al momento la decisión*: 1 Samuel 24.8-13
7. *En antiguas sombras y crepúsculos*: George William Russell, *Vale & Other Poems* (New York: Macmillan, 1931), p. 28.
8. *Este perfume, que vale muchísimo*: Juan 12.5
9. *Sabes qué hubiera pasado*: Anne Jasiekiewicz, *A Laugh a Day: Jokes to Keep the Doctor Away* (Bloomington, Ind.: AuthorHouse, 2010), p. 18.

CAPÍTULO 16 – EL ÍDOLO QUE PROVOCA CELOS

1. *No adores a otros dioses*: Éxodo 34.14
2. *Porque tanto amó Dios al mundo*: Juan 3.16
3. *El ídolo que provoca*: Ezequiel 8.3
4. *Cuando Ezequiel miró por el boquete*: Ezequiel 8.10
5. Página 68: *Imagínese usted como una casa viviente*: C. S. Lewis, *Mere Christianity*, ed, de aniv. (New York: Macmillan, 1981), p. 173. *Mero Cristianismo*, (Grand Rapids: Harper Collins Publisher).
6. *Vio a las mujeres llorar*: Ezequiel 8.14

CAPÍTULO 17 – UNA DECISIÓN POR VENIR

1. *Y juré solemnemente*: Edward Hickman, ed., *The Works of Jonathan Edwards* (London: William Ball, 1839), 1:56.
2. *Junto con su solemne consagración*: Aunque no estoy de acuerdo con cada resolución hecha por Edwards, creo que ambas establecen un estándar y un ejemplo para que lo sigamos. No simplemente adoptes estas resoluciones. Adáptalas. Crea tu propio pacto. Para fines de lectura, he cambiado la palabra «resolví» de Edwards por la frase contemporánea «lo haré». Las resoluciones se pueden encontrar en A Puritan's Mind.com, «The Christian Walk: Jonathan Edwards' Resolutions». www.apuritansmind.com/the-christian-walk/jonathan-edwards-resolutions/ (revisado 14 febrero 2013).